すごい英語独学

完全版

Sakura English

かんき出版

はじめに

はじめまして。YouTubeで初心者向け英語学習チャンネル「Sakura English」を運営しているサクラといいます。2023年現在、登録者数50万人の英語学習チャンネルを運営している私も、かつては伸びない英語力に悩む英語学習者の一人でした。

30歳を目前に、社会人だった私は、サンフランシスコへ留学をしました。

「英語を話せるようになりたい」と希望を胸に抱いていたものの、うまくいかないことばかり。挫折や葛藤を嫌というほど味わい、苦しい時間を過ごしました。

悩みに悩んで引きこもり状態となり、「日本へ帰ろうか」とまで考え、**それでもなんとか学習を続けていたあるとき、「ブレイクスルー」を経験しました。**

ブレイクスルーが訪れた日

ご存知のように、ブレイクスルーは、「ブレイク（break)」と「スルー（through)」を組み合わせた言葉で、「現状の課題や困難、障害を突破する」という意味です。

「ブレイクスルーした」と聞いて「ある日突然ペラペラになった」と想像したかもしれません。それができれば夢のようですが、そうではありません。私が経験したブレイクスルーは、あくまで日々のトレーニングでもたらされた「報酬」に近いものでした。

それまでは「**思ったことがすぐに英語で出てこない**」「**しばらく経ってから単語を思い出す**」という状態だったのが、**意識せずとも7語文、8語文で話せるようになっていた**のです。

「**I heard the man who are standing there is Spanish.**」と、関係詞を自然に使って話している自分に驚き、「**あ、私、前よりできてる**」と感じたのが、私にとってのブレイクスルーでした。

もちろんその後すべてが順調だったわけではありません。「今日はすごく話せる！」という日もあれば「なんか全然ダメだな」という日もありました。それでも明らかに、留学前とは違い、**英語の会話で、意識せずとも英語で即答できるようになっていました**。いわゆる「英語脳」に近い状態でした。

伸び悩む「プラトー期」は誰にでもある

では、どうすればブレイクスルーを起こせるのでしょう。

実は**語学力は、直線で成長していくものではありません**。最初はやればやった分だけ「上達している」実感があったのに、あるときから伸び悩みを感じた、という経験はありませんか？ これは「プラトー期」といわれる学習停滞期で、データでも証明されています。多くの英語学習者が同じように伸び悩みを経験し、残

〔英語力の理想と現実〕

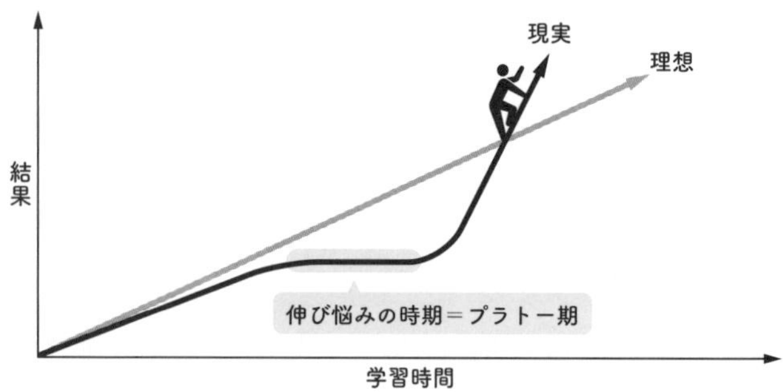

念なことにそこで学習をあきらめてしまいます。

この本を手に取ったみなさんの中にも、英語学習で伸び悩みを感じ、挫折してしまった人がいるかもしれません。「どれだけ学習しても英語ができるようにならない」と自分を責めたことさえ、あるかもしれません。

実際には、プラトー期は一時的なものであり、継続的に努力をすれば、再び進歩を感じることができます。そして**プラトー期を乗り越え、時間を積み重ねることができれば必ず英語は上達し、さらにはブレイクスルーを感じる日もやってきます**。しかし、多くの人はプラトー期を乗り越える前にあきらめてしまい、しばらく経ったころにまた学習を再開するという流れを繰り返すのです。

その無限のループを断ち切る方法はちゃんとあります。それは**「なんとなく」英語を学習するのではなく、目標や理由をしっかりと自分で意識したうえで学習すること**です。

英語をはじめようと思った「きっかけ」を大切に

英語学習をはじめたきっかけはなんですか？　もしかしたら小さなことかもしれません。でも、誰にでも「やってみよう」と思った「きっかけ」があるはずです。プラトー期を乗り越えるには、**その「きっかけ」を含めた理由や目標を、学習の前段階としてしっかり意識することが重要です**。

「そんなことが本当に大事なことなの？」と思いますか？　そう、プラトー期を乗り越えるためには、とても重要なのです。現代社会はとてもスピーディーで、1週間前のニュースなどあっという間に忘れてしまいます。**英語をはじめようとした小さなきっかけだって、意識しなければすぐに記憶の片隅に追いやられてしまうでしょう**。

この本では、英語学習の前に必要なことについて、まずはていねいにご案内します。プラトー期を乗り越え、継続的に学習するためのポイントを知ることができるはずです。

オランダ人が英語の達人である理由

さてここで一つ、残念なお知らせがあります。日本人は、**英語を身につけることにおいて、ヨーロッパの人々に比べて圧倒的に不利だということ**がデータ上で明らかになっています。

毎年発表される「英語能力指数 ランキング」[注1]という国際的なランキングで、日本は毎年最下位のグループの常連です。つまり**「日本人は英語が苦手」ということがデータで出ている**のです。

中学校・高校で英語が必修ということを考えると、多くの人が少なくとも６年間は英語を学んでいるはずです（最近では小学校でも必修になりました）。にもかかわらず、ランキングの上位にはヨーロッパの国が多く、日本を含めたアジア勢の多くは、下位のグループに甘んじています。オンライン英会話の講師としておなじみのフィリピンですら、トップ10には入っていません。

実はトップ勢のオランダ、ドイツ、北欧には共通していることがあります。それは、そもそも**英語と同じアルファベットを母国語でも使っているということ**です。

例えば、ランキングトップの常連であるオランダの母国語はオランダ語で、アルファベットを使用しています。それだけではあ

英語とオランダ語は共通点が多い

Wat is dat?
Mijn naam is Sakura.
Waar is het trein station?
オランダ語
英語
What is that?
My name is Sakura.
Where is the train station?

りません。オランダ語には英語と似ている単語が数多くあること、オランダにはオランダ人以外の人も多く住んでいることなどから、必然的に英語に触れる機会が多いのです。

私たち日本人も、中国語ができなくても、中国の漢字をなんとなく理解できることがあります。それは日本の漢字のルーツが中国にあるからです。

オランダ語と英語に共通点が多いのは、同じゲルマン系の言語がルーツだからです。つまり、**オランダ人には英語を学ばずとも、なんとなく理解できてしまうバックグラウンドがある**のです。アルファベット圏に住んでいる国民には、すでに英語に対してアドバンテージがあるということですね。

日本人が英語をマスターするのは、アルファベットがバックグラウンドの人たちに比べれば難しい。そのことさえ知っていれば、どこかの国の「数ヶ国語を話せる達人！」と比べて自分を卑下する必要などないということがわかるでしょう。

英語は26字、日本語は1,092字!!

日本人は小さいころからひらがな、カタカナ、漢字を学びます。**日本語のひらがなは46字、カタカナも46字、小学校で覚える漢字は約1,000字と驚異的な数です。**一方のアルファベットは、たったの26字です。この数を見て、**日本語より英語のほうが簡単そうだ**と思いませんか？

［日本語と英語の使用文字数］

日本語	ひらがな 46字　カタカナ 46字　小学校で習う漢字 約1,000字
英語	アルファベット 26字

語学の難しさを比較する調査[注2]でも、日本語は「最も難しい」言語の一つとされています。では、その難しい言語である日本語を、驚異的な数の文字を、私たちはどうやって身につけたのでしょう。

国語の授業で習った漢字を、何度も書き取り、ドリルなどで反復練習した記憶は誰にでもありますね。何度も繰り返すことで、ようやく身につけることができたはずです。

また、小学校では言葉（日本語）を身につけるために書く、読む、話すというカテゴリーがありました。英語にもリスニング、スピーキング、ライティングがありますが、これらも**インプットとアウトプットを何度も繰り返すことで、ようやく身についていくのです。**

英語学習＋事前準備で英語は必ず身につく

英語学習の途中で挫折してしまうことは、ちっとも悪いことではありません。しかし、「英語学習法」と名のつくものに片っぱしから飛びつき、次々と渡り歩くのはちょっと問題です。苦い経験をしたら、少し立ち止まり、まずは状況を理解することが必要です。そうすれば必ず、伸び悩みを突破することができます。

この本では、英語学習に必要な心構え（事前準備）と学習方法について詳しく案内していきます。**紹介するのは初心者でも取り組める方法ですが、英語学習を長く続けているのに結果が出ない人にも役立つ内容となっています。**

Sakura English では、YouTube やポッドキャストで英語学習に関するコンテンツをお届けしていますが、それだけでは伝えきれないことを、今回この本に盛り込みました。

この本の内容を実践することで「あ！ 英語ができるようになった」と感じてもらうことができたら、大変うれしく思います。

これからの時代は「英語が話せること」は当然として、他国の文化を尊重する国際的な感覚や、個人のスキルも求められるようになってきます。

みなさんには「**英語がしゃべれる人＝すごい」と崇拝するポジションを早々に脱出し、一人ひとりに必要な英語を身につけてほしいと願っています。**

注1：EF 英語能力指数（EF English Proficiency Index）：世界中の国々を対象にした調査で、英語能力の高さをランキング化しています。
注2：言語難易度指数（Foreign Service Institute Language Difficulty Ranking）における日本語の順位は、最も難しいカテゴリーである「Category V」に分類されています。

おすすめの学習手順

STEP1 読む

この本を最後まで読む
各章のまとめ部分を読み直し復習する

まず、本を読んで内容を理解してください。最後まで読んだら、確認のために各章のまとめ部分だけをもう一度見直しましょう。

STEP2 考える

トレーニングを始める前に準備をする

トレーニングの前に、第1章で解説する英語学習の理由や定義、使いたい場面、未来の姿を日付と一緒にノートへ書き出すことをおすすめします。書くことで自分への約束をしましょう。

STEP3 聞く

レッスン音声を聞いてトレーニングをする

トレーニングは、英語の型をYouTubeで聞くことが第一歩です。
①お手本の音声を聞く→②動画の誘導にそってマネして発音する→③自分が使いやすい型をひとりごとや日記で使う

①〜③を自分に合うように配分して、それを繰り返します。音声は何度もリピートして、存分に活用してください。

YouTube・音声にアクセスする方法

手順1
お使いのスマホで2次元コードを読み取ります
（パソコンからは、下のURLからアクセス）

手順2
リンクされたページにある、YouTubeまたはポッドキャストをタップ／クリックします

https://eigodemanbu.com/self-study/

第4章の基本構成

YouTubeのトラックナンバーです。該当ページの例文、日本語訳を聞くことができます。

英会話で使う基本の型と、その日本語訳です。

001

I prefer…
…をより好む。

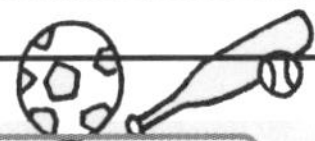

I prefer soccer to baseball.

野球よりサッカーのほうが好きです。

▸ 基本形はprefer A to B

「どちらのほうが好きですか？」と聞かれることは日常的によくあります。とくに旅行やレストランなどで「コーヒー？ それとも紅茶？」のように、実によく使われます。

答え方の基本はI prefer A to Bの形です。比較対象がわかりきっている場合については、to Bを省略しても問題ありません。同じ意味の言い換え型としてはlike A better than Bがあります。

preferとwould preferは、ほぼ同じ意味として使われます。would preferの後に動詞＋ingは使わないという違いがあります。

使える！フレーズ

I prefer going by ferry to flying.
飛行機で行くよりフェリーで行くほうが好きです。

I would prefer to speak to you alone.
あなたと二人きりで話したいのですが。

aloneが使えるのは「一人だけ」ではありません

I'd prefer to go by myself.
一人で行くほうがいいです。

I'd prefer juice, if you have some.
もしあれば、ジュースのほうがいいです。

106

例文と日本語訳です。最初は、使いやすいものだけをピックアップしてトレーニングするといいでしょう。

使う場面やニュアンス、文法についての解説です。内容について理解してからのほうが、表現が身につきやすくなります。

CONTENTS

はじめに 3

おすすめの学習手順 10

YouTube・音声にアクセスする方法 10

第4章の基本構成 11

第1章

あなたにとっての「英語が話せる」って？

英語が必要な理由としっかり向き合う 20

「英語が話せる」を定義する 24

世界のスタンダードな英語を身につけよう 29

英語はツールでしかない 36

第1章のまとめ 45

コラム① 「そー」と「はー？」 46

第2章

学習の前に知っておきたいこと

日本語と英語の違い 48

インプットとアウトプットで力を伸ばす 55

英語独学の6つのメリット 60

第2章のまとめ 66

第 3 章

英語独学・4つのトレーニング法

TRAINING 01

ひとりごとをつぶやく …… 68

STEP 01 身のまわりのものをなんでも英単語で言ってみる …… 70

STEP 02 知っているフレーズを口に出してみる …… 73

STEP 03 今していることをつぶやいてみる …… 74

STEP 04 思ったことを口に出してみる …… 77

next step イメージトレーニングをしてみよう …… 79

TRAINING 02

英語の聞き流し …… 82

TRAINING 03

英語日記 …… 88

STEP 01 書いてみよう！　1行日記 …… 91

STEP 02 例文入れ替えで自分のフレーズを書いてみよう …… 92

STEP 03 難易度高め！　フリーの日記は日本語を先に書く …… 94

TRAINING 04

英会話の型 …… 96

STEP 01 Sakura Englishで音声を聞いてみる
インプット&アウトプット …… 97

STEP 02 自分が最も使いそうな10パターンを選ぶ …… 97

STEP 03 「英会話の型」で、自分だけのフレーズを作る …… 98

TRAINING 番外編

時間を使う …… 99

第3章のまとめ …… 102

第 **4** 章

厳選！ 英会話の型100

001 I prefer... （...をより好む。） 104

002 Let me... （...させて。） 105

003 Thank you for.../ Thanks for...
（...をありがとうございます。） 106

004 Don′t be... （...にならないで。） 107

005 I got... （...を手に入れた。） 108

006 There is/There are... （...がある。） 109

007 I'm happy to... （...でうれしい。） 110

008 I'm gonna.../I'm going to... （...するつもりです。） 111

009 That sounds (like)... （それは...(のよう)だね。） 112

010 I'd like to... （...したいです。） 113

011 I enjoyed... （...して楽しかった。） 114

012 I'm ready... （いつでも...できる。） 115

013 I wonder... （...なのかな。） 116

014 I mean... （私が言いたいのは.../つまり） 117

015 I am trying to... （やってみようと思います。） 118

016 make it （成功する/やり遂げる） 119

017 See you... （また...会いましょう。） 120

018 It seems... （...のようですね。） 121

019 I used to... （前は...だった。） 122

020 I'm used to... （...することには慣れています。） 123

021 You must be... （...に違いない。） 124

022 I'm afraid... （残念ながら...です。） 125

023 I'm sure... （きっと...です。） 126

024 Have a nice... （よい...を。） 127

025 It's time to... （...の時間です。） 128

026 As... （...として） 129

027 I feel like...ing （...したい気分） 130

028 Whatever... （...なんでも） 131

029 I'm not sure... （...なのかわかりません。） 132

030 I'm good at... （...が得意です。） 133

031 don't have to... （...しなくてもいい。） 134

032 You'd better... （...したほうがいいよ。） 135

033 If... （もし...だったら） 136

034 Can I...? （...してもいいですか？） 137

035 What time...? （何時に...しますか？） 138

036 How do you like...? （...どう思いますか？） 139

037 Do you want to...? （...しませんか？） 140

038 Do you have...? （...はありますか？） 141

039 What is it like...? （...はどうですか？） 142

040 How did you...? （どうやって...したの？） 143

041 Are you ready...? （準備はできてますか？） 144

042 How come...? （どうして...ですか？） 145

043 Can you...? （...してくれませんか？） 146

044 What do you think of...? （...をどう思いますか？） 147

045 Should I...? （...したほうがいいですか？） 148

046 Do you know how to...?
（どのように...するか知ってますか？） 149

047 Have you ever...? （...したことはありますか？） 150
048 How was...? （...はどうだった？） 151
049 How about...? （...はどう？） 152
050 Where can I...? （どこで...できますか？） 153
051 How many...? （いくつの...ですか？） 154
052 Is it OK if...? （...してもいい？） 155
053 When can I...? （いつ...できますか？） 156
054 How can I...? （どうしたら...できますか？） 157
055 Do I have to...? （...しないといけませんか？） 158
056 Don't you think...? （...だと思いませんか？） 159
057 Make sure... （必ず...してください。） 160
058 I'm planning to... （...しようと思っています。） 161
059 I hear that... （...と聞きました。） 162
060 That's what... （それが...まさにそれです。） 163
061 I didn't mean to... （...するつもりじゃなかった。） 164
062 I hope... （...を願っています。） 165
063 I should have... （...すればよかった。） 166
064 According to... （...によると） 167
065 I might have... （...したかもしれない。） 168
066 I'd rather... （どちらかというと...） 169
067 No matter... （たとえ...であろうとも） 170
068 You mean... （...ってこと？） 171
069 ..., right? （...で、あっていますか？） 172
070 That's why... （そういうわけで...） 173
071 I told you... （...って言ったでしょ。） 174

072 As far as I know... （私の知る限りでは） 175

073 I'm looking forward to... （...するのが楽しみです。） 176

074 I want you to... （...してほしい。） 177

075 I've been to... （...に行ったことがある。） 178

076 Congratulations on... （...おめでとう。） 179

077 Why don't you...? （...してみたら？） 180

078 kind of... （ちょっと...だね。） 181

079 You know, ... （ほら、ねえ。） 182

080 I know, but... （そうだね、でも...） 183

081 I was about to... （今ちょうど...しようとしてた。） 184

082 It depends on... （...次第です。） 185

083 I'm into... （...にハマってる。） 186

084 get along with... （...と仲良くなる、うまくやっていく。） 187

085 I'm on... （...しているところ。） 188

086 You look (like)... （あなたは...のようだ。） 189

087 In my opinion... （私的には） 190

088 It doesn't matter... （...でも問題ない。） 191

089 make sense （納得する/意味がわかる） 192

090 Be careful... （...には気をつけて。） 193

091 Would you like...? （...はいかがですか？） 194

092 Would you mind if...? （...してもいいですか？） 195

093 I apologize for...? （...で申し訳ありません/お詫びします） 196

094 Sorry to bother you, but...
（お忙しいところすみませんが、...？） 197

095 It's a pleasure to... （...できてうれしいです。） 198

096 Could you...? （...していただけますか？） 199
097 May I...? （...してもいいですか？） 200
098 Excuse me, but... （すみませんが...） 201
099 I appreciate... （...に感謝します。） 202
100 I'd love to, but... （ぜひそうしたいのですが、...です。） 203
コラム② 「話せる」と「話せない」 204

第5章

インタビュー 英語でもっと輝く人生

01 おいしいベーグルが食べたい
—世界のパンを食べ歩く ケイコさん 206

02 とにかく毎日「おもしろい」
—セブ島で保育園を運営する トモコさん 210

03 子どもの未来のために
—世界で一番子どもが幸せな国、オランダで暮らす トオルさん 216

おわりに 222

ブックデザイン・図版 二ノ宮 匡（nixinc）
本文DTP 茂呂田 剛（エムアンドケイ）
本文イラスト 加納 徳博
音声収録 ELEC
ナレーション アニャ・フローリス 春田ゆり
ネイティブチェック Jack Barker

第1章

あなたにとっての「英語が話せる」って？

あなたが「英語を話したい」と思う理由は何ですか？

「洋楽をカッコよく歌いたい」

「海外旅行に行きたい」

「外資系企業で仕事をしてみたい」

その理由をもう一度考えてみましょう。

計画的という言葉が指すのは、毎日の時間管理のことだけではありません。

数年後、英語を身につけた自分になるために、学習前の準備から計画的に行うことが大切です。

英語が必要な理由としっかり向き合う

みなさんは、「英語を話せるようになりたい」という思いからこの本を手に取っていることと思います。実は、**「英語を話せるようになる」には、トレーニングと同じくらい、準備と計画が肝になります。**

「英語を話す」には、準備が5割、トレーニングが5割

準備と計画と聞いて「苦手だな」と思った人がいるかもしれません。準備をすること自体が苦手な人もいれば、計画を立ててもその通りに進められないことにストレスを感じてしまう人もいるでしょう。

これは、誰かにやらされている勉強ではなく自分でやろうと決めた英語学習のはずです。ですから、準備と計画をさっと飛ばしたりせずに、一つずつ自分のこととして考えてください。**この準備と計画こそが継続と上達のポイントになるからです。**

まずは、**あなたが英語を話せるようになりたいと思った「理由」や「きっかけ」について考えます。**

今英語を学習しようと思っているなら、何かしらのきっかけがあるはずです。学生ではなく社会人だとしたら、目前に迫るテストのために英語を勉強することはほぼないはずです。にもかかわらず、英語に取り組もうとしているのは、なぜでしょうか。立ち止まって自分の気持ちを確認してください。

例えば、私は中学校ではじめて英語に出会いました。そして大人になると、当然のように英語から遠ざかりました。そこからも

う一度英語学習に取り組んだ理由は、当時はそれほど明確ではありませんでした。

ダラダラと数年間学習を続けた後に、それなりの転機となるきっかけがあり、留学を決意しました。留学してからは、それまでと比べものにならないスピードで、英語が上達していきました。

今考えると、最初のダラダラと勉強をしていた数年間は、結局無駄な時間の使い方をしていたと思います。それは、**未来のイメージや目標も何もないまま、あいまいな状態で学習をしていたから**です。

英語学習では、地味なことを繰り返す日々が続き、それなのに、上達を実感できないことに打ちのめされ、学習を辞めたくなる日が必ずきます。

その辛い日々を乗り越えるためには、**明確な目標や「達成したい」という強い気持ちが原動力になります**。忙しい大人が英語を身につけるには、なんとなくやるのではなく、確固たる気持ちと、目標にむけた計画性が必要です。

なぜフィリピン人は英語を話せるのか

オンライン英会話の講師でおなじみのフィリピン人は、英語が第一言語ではありません。彼らはタガログ語が第一言語で、英語は私たちと同じように第二言語です。

それなのになぜ、フィリピン人には講師になれるくらいのレベルで、英語を流暢に話せる人が多いのでしょう。

彼らには英語を**話せねばならない、しっかりとした「理由」が**あるのです。

フィリピンは7,000以上の島から成り立っていて、そのうち1,000ほどの島に人が住んでいます。そしてそれぞれの島で、少しずつ違う言語が使われています。

例えば、セブ島留学で有名なセブ島はセブアノ語を使っていますが、首都のマニラではタガログ語を使っています。同じフィリピン人同士であってもセブアノ語とタガログ語では、スムーズにコミュニケーションをとることができません。

だから彼らは、英語を使ってコミュニケーションをします。それぞれの島で違う言語が使われているため、**フィリピンでは英語がコミュニケーションのための共通言語なのです。**

さらにフィリピン人にとっては、仕事を得るうえでも英語は大切なツールです。オンライン英会話の講師や海外向けのコールセンター、高級ホテル勤務など、賃金の高い仕事は海外の企業になります。そこで使われているのは当然英語。賃金の高い仕事を得るためには英語が必須になるのです。

また、フィリピンでは公立小学校であっても、高学年になると

フィリピンと日本の違い

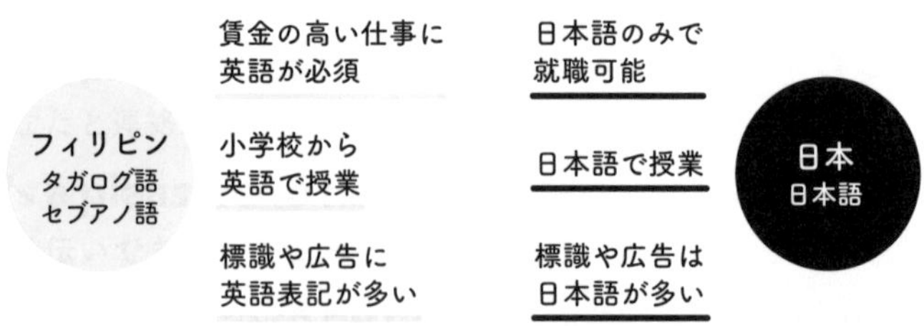

ほとんどの授業を英語で行います。学校の授業を理解するためには、子どもでも英語が必要なのです。

　フィリピン人にとって、英語はよりよく生活するために絶対に必要なものです。逆に考えれば、**それくらい切羽詰まった状況になれば、誰もが英語力を獲得できる**ともいえます。

　日本はフィリピンと同じ島国ですが、方言はあるものの、日本語だけで生活することができます。英語ができなくても、毎日の生活に問題はありません。でもこの恵まれているともいえる環境は、英語学習という側面ではプラスにはなりません。

　だからこそ、自分なりのしっかりした「英語を話したい理由」が大切なのです。つらくなったときに学習を継続する原動力の一つが「理由」です。

英語学習が続かない理由

- 「英語を話したい理由」が明確ではない
- 「英語が話せる」の定義が決まっていない
- 目標が高すぎるか、はっきりしていない
- 未来のイメージがない

　あなたが英語を話したい理由や、そう思ったきっかけはなんですか。何となく学習を続けていて、忘れてしまってはいないでしょうか。もう一度じっくりと考えて思い出してみてください。

「英語が話せる」を定義する

「英語が話せる」とはいったいどんなことを指すのでしょうか。

誰かの考える「英語が話せる」と、あなたの考える「英語が話せる」は同じではありません。

例えば、英語初心者にとっては英語が話せると思えるような人でも、上級者から見れば英語が上手ではないと思われることもあります。このように、**人によって英語が話せるという言葉のとらえかたもまったく違います。**

あなたにとっての英語が話せるとはどんな状態でしょうか。

あいまいなままだと、必要のない教材を買ってしまったり、まわり道をしてしまったりすることもあります。**英語をモノにするために、あなただけの「英語が話せる」の定義をしましょう。**

言いたいことをすぐに英語で伝えたい

私の場合は、失敗から英語が話せるの定義が明確になっていきました。

サンフランシスコの語学学校での話です。グラマーの講師であるミスターＢの授業中に、一部の騒がしいクラスメイトが「つまらないからもう帰る」と言ってクラスを出ていこうとしました。

「あなたの授業はつまらない。あなたの教える内容は僕にとって重要ではないと思う」

そう言うと、そのクラスメイトは机の荷物を片づけはじめました。彼の仲間もいっせいに荷物を片づけました。

「私もそう思う」「同じく」「同じ」

口々に同じことを言い、あっという間に数人が出ていってしまったのです。彼らは授業をボイコットしました。

彼らが出ていくと、ミスターBは残っている生徒を見て「さあ続けよう」と授業を続けました。

授業が終わると、残ったクラスメイトたちは「あの行為はよくない」と言い合いました。私も同じように思っていました。**それなのに、私は自分の意見を言えませんでした。**

誰も意見を言わないときに自分だけ立ち上がるのが怖かったのもありました。でも本当は、英語がすぐに出てこなかったのと、間違えるのが怖かったのが一番の理由でした。言いたい気持ちや言葉はあるのに、声になりませんでした。

「あなたの授業はいい授業だと思う」とミスターBに伝えることさえできませんでした。この苦い経験と失敗が、私の「英語が話せる」の定義を明確にしました。

私の定義は**今言いたいことをすぐに英語で伝えること**でした。多少間違っていても、伝えることが最優先。だから瞬発力が重要となり、そのイメージに近づくために、私はトレーニングを重ねました。

自分らしい表現の英語で伝えたい

他の例を見てみましょう。英語学習を1年以上続けているのに、手応えを感じられず悩むトモコという女性がいました。

オンライン英会話の講師をしていた私のところに、生徒としてやってきたトモコの英語力は、当時中級といったところでした。

海外旅行に行けば、注文や買い物を問題なくすることもできます。まわりから見れば「英語が話せる人」と言われてもおかしくないレベルでした。**ところが彼女は、自分の英語力に悩んでいました。**

ある日オンラインでのレッスンを終えると、トモコはため息をつきました。「どうしたの？」私が聞くとトモコは答えました。

「**なんか、いつもちゃんと話せてないなあ**と思って」

「そんなことないと私は思うけど……。どうしてそう思うの？」

「会話ってキャッチボールだから、質問されたら答えますよね。『**What do you do?**』って言われたら『**I'm an office worker.**』、『**What do you do in your free time?**』って言われたら、『**I read a book.**』みたいに。

でもなんか不自然っていうか、つまらないっていうか……」

しばらくトモコの話を聞いていて、言いたいことがわかってきました。彼女はおしゃべりが好きで、すごくフレンドリーな性格です。1聞くと10答えが返ってくる、小さな話を大きくふくらませて楽しめる人でした。そう、**日本語で話すときは**。

だからこそ、彼女は違和感を抱いていたに違いありません。

「間違えないようにしよう、正しく話そう。そう思って知ってる単語で答えようとすると、すっごく素っ気ない答えに感じちゃって……。これじゃあ、きっとお互い楽しくないよなって……」

そう言ってトモコはまたため息をつきました。

日本語にしてみると、トモコが感じていた違和感が伝わりやすいかもしれません。

「仕事は何をしているんですか？」
「会社員」
「暇なときは何をしていますか？」
「読書」

こんなふうに質問と答えだけの会話を読んでみると、確かに素っ気ない印象だと感じませんか。こういった、**質問とその答えだけの会話が嫌だとトモコは感じていたのです。**質問に対して短い答えだけが続いたら相手はどんなふうに感じるだろう？ 会話がつまらないと感じていないだろうか？ と。

確かに、この会話を「楽しい！」と感じる人はあまりいないでしょう。それをトモコは不安に思っていたのです。もちろん、「英会話レッスンの最中は、そういうことを気にする必要はありません」ということは、元オンライン英会話講師としてお伝えしておきますね。

I'm an office worker.（私は会社員です）

「仕事は何をしているのか」という質問の答えとしては、これはもちろん間違いではありません。でもトモコは、日本語で話すときのようにいろんなことを盛り込みたいのです。

例えばこんなふうに。

I'm just an office worker at an insurance company in Ginza, but I feel good to finish the work on time every day.
（銀座の保険会社に勤務しています。毎日定時に帰れるのが気にいっています）

私のサンプルを聞くと、トモコは「そうそう！」と目を輝かせました。
「これくらい話せたら、会話してるって感じがする。そうなの。**私はこんなふうに英語でも言いたい！**」

トモコの「英語が話せる」の定義は**質問に答えるとき、自分らしく飾りをつけて話すこと**でした。難しい定義ですが、目標が明確になったトモコは、その後、さらに熱心に英語に取り組むようになりました。

「英語が話せる」の定義

言いたいことをすぐに英語で伝えられること
サクラ
質問に答えるとき、自分らしく飾りをつけて話すこと
トモコ

このように「英語が話せる」という言葉は同じでも、私の定義とトモコの定義は違います。年齢や性別、仕事、もしかしたら、あなたの得意とする分野や趣味によっても定義が異なるかもしれません。
少し面倒かもしれませんが、**自分だけの「英語が話せる」の定義を考えてください**。しっかりと定義することができたら学習への姿勢は必ず変わります。もちろんよい方向へ。

世界のスタンダードな英語を身につけよう

発音や文法、アクセントを、かつての私を含めて、日本人の英語学習者は「間違いたくない」という気持ちが常にあるように感じます。間違いたくないということは「正解」があるということです。では、テストでもない英語学習の正解とは、いったい何を指すのでしょうか。

日本人にとっての英語の正解＝ネイティブ!?

おそらく、日本人にとっての正解（だと思われているもの）は**ネイティブ**です。私の経験から、このことについて少しお話ししたいと思います。

サンフランシスコの留学から帰国した後、私はほとんど英語を話すチャンスがありませんでした。そこで、英語を忘れないようにするために、時間を見つけてはグループ英会話レッスンや、カフェでのトークレッスンに参加していました。

ある日、5人くらいの日本人がいる会話形式のレッスンに参加したときのことでした。参加者とは別に、一人の講師が進行役としてついてくれました。

進行役はケンという名前の日系アメリカ人。日系アメリカ人なので見た目は日本人でしたが、アメリカ人です。ですから彼は、日本語はほとんどわからないということでした。

参加者それぞれが最近のトピックなどを話し、それについて質疑応答をするというスタイルでレッスンが進行していきました。
　ケイゾウさんという中年の男性が自分のトピックについて話し終えたとき、講師のケンが「ケイゾウ、今のセンテンスはこう言ったほうがいいよ」とアドバイスをしてくれました。

　ケンはすごく穏やかな話し方をする人で、自分の英語も私たちへのアドバイスも、わかりやすい言葉を選んで話してくれました。みんなが聞き取りやすいように、スピードもゆっくりめでした。
　ケンのアドバイスには、相手を怒らせるような要素は何もありません。けれどケイゾウさんは、ケンのアドバイスにムッとした表情になり、返事をしませんでした。

　最後に参加者から「今どきのリアルな英語フレーズを知りたい」というリクエストが出ました。ケンは誰にでも使いやすくて発音しやすいスラングをいくつか教えてくれました。よいレッスンを受けることができて、私はとても満足していました。

　ところがレッスンが終わって講師のケンが部屋を出ていくと、ケイゾウさんが待ちかねたように不満を言い出したのです。
「**いやー今日の講師はいまいちだったね**」
　一番年下だからなのか、ケイゾウさんは私を見て言いました。
「そうですか？ 私はそんなことなかったですけど……」
　私が言うと、他の女性参加者も、
「いい人だったじゃない」
　と口々にケンを擁護しました。そのとき、ケイゾウさんが言いました。

「いやいや、やっぱり講師はアメリカ人のネイティブじゃないとダメだよね」
「え……。でも、ケンは日系アメリカ人だからネイティブですよ」
　私が言うとケイゾウさんはやれやれといった感じで首を振りました。
「サクラはわかってないねー。顔がアジア人じゃいくらアメリカ生まれでも、ネイティブとは言えないな。英語だって本当に合ってるのか、信頼できないでしょ」

　私があっけにとられて何も言わずにいると、他の参加者もあきれた顔をしているのが目に入りました。
　この会話から想像するに、**ケイゾウさんにとってのネイティブはおそらくアメリカ人、しかも白人だけなのでしょう。**
「そんなのこの人だけでしょ」と思いますか？　極端に感じるかもしれませんが、似たようなことは他のレッスンでも何度かあったのです。

「ネイティブ」って誰のこと？

　こんなこともありました。私が運営している Sakura English の動画のコメント欄には、毎日たくさんの視聴者からの書き込みがあります。動画の感想だけでなく、それぞれの動画の活用法などを知ることができたり、視聴者同士の交流があったりと、実に多くの人が気軽に書き込んでいます。
　そんな中、ときどきこのようなコメントが届きます。
「○○という言い方は、ネイティブが違うと言ってました」
「アメリカに住んでましたが、○○という言い方はしません」
「○○という表現は、ネイティブも使いますか？」

いったいネイティブとは正確にはどんな人たちのことを指すのでしょうか。

まずは英語を公用語として使っている国について考えてみます。よく知られているのはアメリカ、カナダ、オーストラリア、ニュージーランドなどの国。ほかにもアジア地域ではシンガポール、マレーシア、アフリカ地域では南アフリカをはじめとして、実は多くの国が英語を公用語としています。ということは、**これらの国すべてが英語を公用語とする国家であり、理論上ではすべて英語ネイティブです**。しかし、これまでの私の経験上、マレーシアの人やシンガポールの人のことを「ネイティブ」と認識している日本人は、ほとんどいません。

ネイティブ信仰からはなれよう

日本の英語教育はアメリカンイングリッシュを基本にしています。ですから、**ネイティブ＝アメリカ人という認識が刷り込まれていても不思議ではありません**。しかし、アメリカンイングリッシュといえばＲを強調する巻き舌、スペリングと違う発音、スラングなど、日本人にとって難しい壁がいくつもあります。ですから、**英語を話せるようになりたいなら、いわゆるアメリカネイティブ信仰からはなれることをおすすめします。**

たとえ英語が上達して、会話のレベルがネイティブに近づいたとしても、アメリカ人のネイティブになることはできません。それなら、**アメリカ人のネイティブに近づこうとして苦しむよりも、世界的に多数派の、スタンダードな英語を身につける道を選びませんか。**

世界で英語を母国語として話す人は約3億7,300万人[注1]。それに対して、第二言語や外国語として英語を話す人は10億人以上います。

つまり世界で英語を使っているのはネイティブ以外の人のほうが多いのです。彼らにはそれぞれのアクセントがあります。語彙だってネイティブに比べれば少ない人もいるでしょう。それでも彼らは必要なときに英語を使い、場合によっては生活や仕事も英語で行っているのです。

アメリカ英語とイギリス（スタンダード）英語の分布

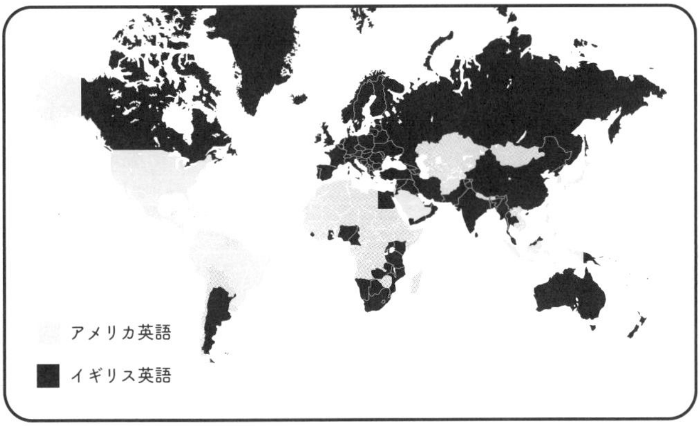

※その国の学校で教えられている英語を基準にした分布
※アメリカ英語・イギリス英語のどちらに近いかで調査
出典：https://moverdb.com/british-vs-american-english/

実際に日本を出れば実感できますが、第二言語として英語を話す人たちは流暢だとしても、アメリカ人のように話す人は多くはいません。

例えば、6ページでも紹介した英語能力指数で毎年世界第1位を独占しているオランダでは、多くの人が英語を話します。母国語はオランダ語ですが、相手がオランダ語を話せないとわかると、彼らはすぐに英語に切り替えます。

オランダでは大抵の人が英語を話し、みな流暢です。世界第1位と言われるのも納得というレベルですが、彼らの英語は決してアメリカンイングリッシュではありません。

ヨーロッパの小国であるオランダは文化背景などから、英語だけでなくドイツ語やスペイン語など、多言語を操る人も多くいます。そんな彼らの話す英語は巻き舌でもなく、ネイティブ風のスラングが多いわけでもありません。第二言語として英語を使う人ならではの、**イギリス英語を基礎とした、誰もが理解しやすく、シンプルな文法のスタンダードな英語**といえます。

めざしたいのは、シンプルでスタンダードな英語

プレーンイングリッシュという言葉があります。

これはアメリカ、イギリス、カナダ、オーストラリア政府が認めている様式で、**明確さと簡潔さを強調し、専門用語を回避するのが特徴です**。かんたんにいうと、誰にでも理解できるシンプルな言いまわしということです。

世界で使われている英語はアメリカンイングリッシュだけではありません。むしろアメリカンイングリッシュを話すネイティブのほうが少ないのです。

英語の学習でアメリカ人のネイティブをいつも意識する必要はまったくありません。第二言語として英語を学ぶ日本のみなさんには、オランダ人のように、必要になればすぐに英語に切り替えられる柔軟さと、**誰もが理解できるような、シンプルでスタンダードな英語を身につけること**を提案したいと思います。

ミニコラム

コークとコーラ

「コーク」と「コーラ」の違いを知っていますか？
サンフランシスコに留学した時のこと、ホストファミリーはみんな毎日コーラを飲んでいました。
一緒に外食をした時のことです。ファミリーの２人の子どもたちが飲み物を注文しました。
I'll have Coke, and he'll have Pepsi.（私はコーク、彼はペプシで）
何気なく聞いていた私は、そこで疑問に思ったのです。
コーク？ ペプシ？ え。全部コーラじゃないの？
そこでホストファミリーに質問すると、「コーラ」というのはすべてのコーラというドリンク。だからペプシもコカコーラも含まれた総称なんだと教えてくれました。そして「コーク」というのはコカコーラ社のコーラのことだったのです。
私は英語だとコーラじゃなくて「コーク」なんだと認識していたんですが、違うんですね。さすがアメリカ。コーラの味にはこだわりがあるんだなと妙に感心してしまいました。

注1：English Language Statistics https://lemongrad.com/english-language-statistics/#:~:text=500%20companies%20alike.-,2.,English%20as%20their%20second%20language).

英語はツールでしかない

英語が話せる自分をみなさんにもっとイメージしてもらうために、サンフランシスコで出会ったもう一人の日本人のエピソードをお伝えします。

「自分の未来のための英語」を身につける

サンフランシスコの語学学校で、マユミという、少し年上の日本人女性に会いました。マユミは、私も聞いたことがあるような大阪の有名店で働いていた美容師でした。

マユミが言うには、女性の美容師は年齢を重ねると雇ってもらえなくなる風潮が当時の日本にはあり、そこで海外へ行くことを決心。日本で働きながら英語を学び、サンフランシスコへ来たのでした。

3ヶ月後にカナダの美容院で働くことが決まっていたマユミは、留学中も積極的にクラスメイトや講師の髪を切っていました。

無料でプロのカットをしてもらえるとあって、マユミのところにはひっきりなしに予約をしたい人がやってきました。しかしマユミは、ただ親切でみんなにカットをしていたわけではありません。髪を切りながら、**授業では学べない、実際に仕事で使えそうな英語のトレーニングをしていたのです。**

I'd like to get my hair thinned out.
（髪を軽くしたいんだけど）

Could you trim my damaged ends?
（傷んでる毛先を切ってくれる？）
I'd like to grow out bangs.
（前髪を作りたいの）

「カットのオーダーにも本当にいろいろあるのよ」とマユミは笑いながら教えてくれました。

3ヶ月間、いろんな国の人からオーダーを受け、一人ひとりをていねいにカットしながら、髪質の違いを肌で感じ取り、腕も英語力も上げて、マユミはバンクーバーへ笑顔で旅立ちました。マユミは「年齢を重ねてもトップスタイリストでいられるバンクーバーは、私にとって最高の国」と1年後にメッセージを送ってくれました。

日本人の美容師は、実は世界中にいます。アジア圏のフィリピン、マレーシアなどはもちろん、カンボジア、アメリカ、ヨーロッパなど、手先が器用でていねいな日本人美容師はとても人気があ

英語を身につけるステップ

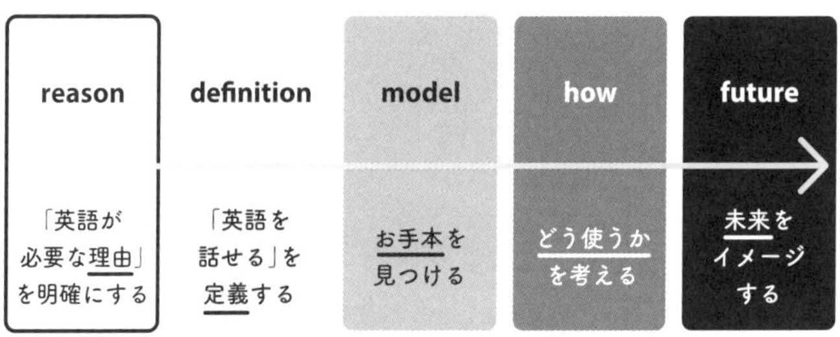

ります。TOEICなど受験したことがなくても、彼ら、彼女たちはお客さんと英語でコミュニケーションをとり、毎日仕事をしています。

「英語さえ話せれば」という勘違い

英語は話せたほうがいいし、TOEICのスコアだって高いほうがいいかもしれません。でも**多くの日本人が勘違いしているのが、「英語さえ話せればなんとかなる」ということです。**

英語はあくまでも言語。英語だけできてもパーフェクトではありません。語学は、そこに何かを組み合わせることによってこそ意味をなすツールなのです。

そんな私も、かつては大きな勘違いをしていました。

英語でコミュニケーションできるようになりたいと思い留学したものの、何日経ってもちっとも英語がうまくなりません。ホストファミリーの末っ子が言っていることさえ、いつまで経ってもダイレクトに理解できないのです。

いったい、いつになったら、英語を英語のままで理解できるようになるんだろうと不思議に思っていたくらいでした。

そんな私はあるとき、**まわりのクラスメイトが英語以外のことに取り組んでいることに気づきました。**

例えばアメリカでMBAを取りたいというタイ人のタンサニーは、英語をブラッシュアップしながら経済・経営の勉強をしていました。

いつか自分の店を持ちたいというメキシコ人のガビーは、サンフランシスコの人気店をリサーチするために、学校帰りに好みの店を見つけては店の人に英語で積極的に話しかけていました。

韓国人のユナは、英語で自分のサンフランシスコの生活をブログにアップしていました。**英語だけを毎日熱心に勉強していたのは私くらいだったのです。**

私が持っていたのは、「英語でコミュニケーションできるようになりたい」という漠然としたイメージ、ただそれだけでした。自分以外のクラスメイトの上達が早い理由が、ようやくわかった気がしました。

彼らは、日本人が大学入試のために勉強するような難しい文法や単語は知らないかもしれません。でも、自分の話したいフィールドでは、しっかり英語を使うことができていたのです。

どんなふうに英語を使いたいのかによって、学ぶべきことは違います。間違いなく言えるのは、**英語×〇〇**と組み合わせることで、ようやく英語が価値あるものになっていくということです。

組み合わせる〇〇は、もちろん仕事に限ったことではありません。趣味の分野、またはスポーツやゲームの世界でコミュニケーションしたい人だっているかもしれません。その「〇〇」は誰のためでもなく、自分だけが納得しているものであればいいのです。

違う国のクラスメイトやマユミに出会ったことで、ようやく自分のフィールドをイメージし、そこからは焦点を絞った学習をすることができました。

英語だけを学ぶのではなく、どう使うのか、どの分野で話したいのかを考えることは、絶対に外してはいけないポイントです。

未来のイメージを具体化してみる

「将来の目標や夢」と聞いてどんなことを思うでしょうか。

大人には関係のないこと？ 子どもだけが考えること？　そうではありません。たとえあなたが40代だとしても、決して関係のない言葉ではなく、**未来の自分のイメージや姿は、英語学習をする上で真剣に考えてほしいことの一つ**です。

私のまわりに「いつか海外に住んでみたい」という人が何人かいました。その目標を叶えた人と、叶えられなかった人の違いは、いったいなんでしょう。

経済的な問題や、年齢のせいでしょうか。それとも家族や会社、子どもの学校の問題でしょうか。できなかった理由は後からいくらでも挙げられます。しかし、実現した人には、明確に共通していることがありました。

それは、夢を「具体的に」考えたということです。

オンライン英会話の生徒だったエリは数年かけて、念願のセブ島に家族4人で移住をしました。

エリは自宅から通えるカルチャーセンターのグループレッスンで英会話を習いはじめ、その後マンツーマンで受講できるオンライン英会話の存在を知りました。英会話をはじめた理由は短大時代、英文科だったにもかかわらず英話が話せないのが心残りだったからです。結婚後、子どもが幼稚園に通うようになり、少しだけできた時間を英語の学習に使うことにしたのでした。

オンラインの英会話レッスンでセブ島のことを知り「**こんな**

ところに住んだら楽しそう」とワクワクしている自分に気づきました。ビーチリゾートにすぐに行けること、英語を使って暮らせること、物価が日本より安いこと、いろいろなことがエリには魅力的に見えたのです。

その後彼女は、親子で短期留学をしました。セブ島の環境や英語での生活を体験したことで、リアルに「ここに家族で住みたい」と思うようになりました。エリの夢は、セブ島に実際に行ったことで、「**セブに住んでみたいな**」から「**セブ島のビーチリゾートに気軽に行ける場所に家族で住みたい**」**に変化したのです。**

実現のために、エリは少しずつ動き出しました。仕事や子どもの学校のこと、家のこと、どうすればセブに住めるかを現実的に考えはじめました。最終的に夫を説得し、セブ島でできる仕事を二人で見つけたことで、エリはついに夢を叶えました。

エリの夢はセブ島へ留学したときから、具体的な目標へと変化

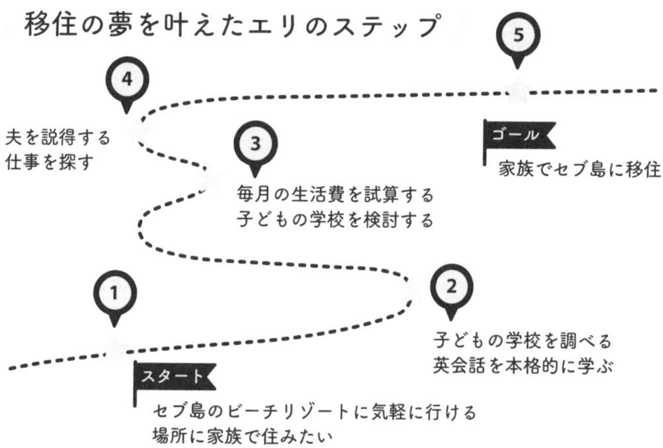
移住の夢を叶えたエリのステップ
5
4
夫を説得する
仕事を探す
ゴール
家族でセブ島に移住
3
毎月の生活費を試算する
子どもの学校を検討する
1
2
子どもの学校を調べる
英会話を本格的に学ぶ
スタート
セブ島のビーチリゾートに気軽に行ける
場所に家族で住みたい

しました。**ぼんやりとした夢は現実的な目標となり、具体的に行動することで実現できたのです。**

英語を自分のものにするために、まずは夢を具体的にすることからはじめてみましょう。

「**いつか海外に住んでみたい**」という夢なら「いつか」を具体的な数字に置きかえてみます。

2年後は実現できる気がしませんか？　それなら5年後や7年後ならどうでしょう。経済的な問題や言葉の問題を解決するのに、7年は十分な時間です。

「海外」をもう少し具体的にしてみるのも必要です。

アメリカ？ それとも英語が公用語になっているアジア？ 日本から遠く離れても問題はない？ それとも数ヶ月に1回のペースで気軽に帰れる距離がいいでしょうか？

「ビザの問題があるから……」

「安全じゃないかも……」

たくさんの「できない理由」が頭に浮かぶかもしれません。たしかに、**難しい問題はいくつもありますが、この段階で考えてしまうと、行動しない理由になりかねません。**

世界中のいろいろな国で日本人が暮らしています。彼ら、彼女たちが暮らせているということは、同じようにチャンスはあるはずです。具体的なイメージを持ち続けていれば、いつか突破口が見つかると希望を持ちましょう。

まずは、**できるかできないかではなく、自分がどうなりたいかというイメージが大事です。**

また、理想のイメージが1年後に変わってしまうことがあるかもしれません。でも、変わっていくことは悪いことではありませんし、むしろときどき立ち止まって軌道修正することも必要です。

「7年以内にマレーシアのプールつきコンドミニアムに住む」

こんなふうに**具体的な言葉にしてみると「いつか海外に住んでみたい」というふわっとしたイメージが一転して、やるべきことがおのずと明確になってきますね。**

具体的な数字や国、地域の名前に変えることで、不思議と関連する情報が目につくようになります。探しているわけでもないのに、なぜかいい情報が転がり込んできたりすることもあります。

不思議なことですが、自分の夢を具体化させたことで、無意識に情報をキャッチしようとする力が働くのかもしれません。

タイムリミットを決め、具体的に行動する

もう一人、オンライン英会話の生徒だったケイコの話です。

彼女は研究開発をする会社で秘書として仕事をする几帳面な女性でした。英会話をはじめた理由は、仕事でアメリカの研究機関からの電話を受けることが多いからでした。

彼女は、基本的な英会話はできたものの、アメリカ人の教授が話す英語は難しく、電話中に何度も聞き返してしまうことで、相手に嫌な思いをさせているのではないか、と不安でした。次第に電話が鳴るだけで、緊張するようになってしまったのです。そんな状態をどうにかしたいと、ケイコは思っていました。

ケイコとは、「電話の受け答え」と「研究職」という仕事の内容をふまえて、レッスンを進めていくことになりました。毎週火曜日の夜、ケイコはいつも疲れていました。残業が多く、さらに責任も重い仕事なので無理もないことでした。

そんなケイコが一変したのは、**半年後にアメリカからの来客を招くセミナーを開催することが決まってからでした**。ケイコは「セミナーのために、レッスンを増やしたい」と言いました。いつも疲れていたケイコの目や声に力がみなぎり、その日は違って見えたのを覚えています。

ケイコは週1回だったレッスンを、週末を含めた3回に増やしました。レッスン以外にも、通勤中に英語のリスニングをしたり、英語のニュースを読みはじめたりしました。英語学習にかける時間を倍以上に増やしたケイコは、あっという間に英会話が上達していきました。ケイコは**タイムリミットと自分の役割が決まったことで未来の姿を明確にイメージできたのです。**

セミナーまでの半年間、ケイコはできる限りの準備をしました。英語力がアップしたことで、少しずつアメリカからの電話にも緊張することなく対応できるようになりました。肝心のセミナー当日には、英語がうまく話せるかよりもセミナーがうまくいっているかに気持ちを集中させることができたと、笑顔で振り返っていました。

ケイコの英語はたった半年で、それまでの1年よりもぐっと進歩しました。**タイムリミットができたことで、具体的な目標を立て、集中して学習することができたのです。**

ケイコの例からもわかるように、あいまいな理想や夢のままでは、ゴールまで大きなまわり道をしたり、たどり着くことすらできないかもしれません。自分の未来は、できるだけ具体的にイメージすることが大切です。

第1章のまとめ

- [ ] 英語が必要な理由を考える

- [ ] 自分にとっての「英語が話せる」の定義を明確にする

自分が本当に求めている「英語が話せる」を考える。

- [ ] 「英語＝アメリカ人のネイティブ」という考えを改める

世界のスタンダードな英語を意識すると、
無理せずに英語を学ぶことができる。

- [ ] 英語を学び、どんなふうに使うのかをイメージする

どんなふうに英語を使うかを考えれば、
学習の方向が明確になる。

- [ ] どんな姿になりたいかをイメージする

具体的なイメージに変えていくことで、
必要な情報が入ってくるようになり、ゴールへと
向かうことができる。

コラム①

「そー」と「はー？」

「ヘイサクラ」
オーストラリア人のララとカフェで話していたときのことです。
もうすぐ結婚するララが、この間行ってきたというマレーシアの写真を２人で見ていました。するとララが私に言いました。

「そういえば、あなたたち日本人ってどうして『connectors（つなぎ言葉）』に so ばっかり使うの？」
ララはプロの英会話の先生です。これまで多くの日本人にも英語を教えていて、ずっと不思議に思っていたようでした。日本人がダントツで so を多用することに。ララに言われて、確かに私も思い当たるところがありました。なぜなら直前にも、
「So what did you do in Malaysia?」（マレーシアでは何をしたの？）
と言っていたからです。ララに「なぜ？」と言われて気づいたのですが、日本語にはさしすせその「そ」がありますよね。ですから、なんとなく「そ」という存在に慣れているのかもしれないと思いました。

もうひとつ、「Haa ？（はあ？）」はララがよく使う言葉です。実はこれ、英会話でよく聞く表現です。
私たち日本人にとっては「はあ？」というと、ちょっと無礼な感じや、怒っている印象を与えますよね。**ところが英会話だと「Haa?」が「でしょ？」とか「ね？」のような感じで、実によく使われます**。慣れないうちは、思わずビクッとしてしまいますが、怒られているわけではないので安心してくださいね。

第2章

学習の前に知っておきたいこと

私たち日本人は、多くの人が学校教育で6年間、英語を学習している事実があります。
にもかかわらず、世界的に日本人の英語力が低いのは数字として明らかです。
なぜ英語を習得するのがそれほど困難なのでしょう。
またそれを克服して独学で英語を習得するためにすべきことを解説します。

日本語と英語の違い

「空気を読む」「暗黙の了解」「以心伝心」

日本に住んでいれば気に留めることもありませんが、相手が話す言葉以上のものを推察し、理解するということは、世界のスタンダードではありません。言外の相手の気持ちをくみ取ることができるのは、同一言語・同一文化を特徴とする日本ならではともいえます。

言葉として表現された内容の行間に、豊かな内容を含ませることを**ハイコンテクスト文化**といいます。反対側にあるのが、**ローコンテクスト文化**で、その代表的な言語が英語です。

日本語がそのまま英語に変換できないのはなぜ？

これまで英語を学習しているときに、こんなふうに感じたり、思ったりしたことはありませんか。単語の語順、発音、文字……**どうしてこんなに日本語と違うんだろう**と。

日本人が英語の学習でつまずき、英語が苦手だと感じてしまうのは、日本語と英語がまったく違う言語だからということもあります。すでにお伝えした通り、日本語にはアルファベットはありませんが、フランス語やスペイン語など（読みかたは違っても）アルファベットを使う言語もあります。

では、英語と日本語がいったいどんなふうに違っているのか、まずはハイコンテクスト文化の日本語とローコンテクスト文化の英語について、背景を知ることからはじめましょう。

こちらの例を見てください。所属する部署にお客さんが来たときの会話です。

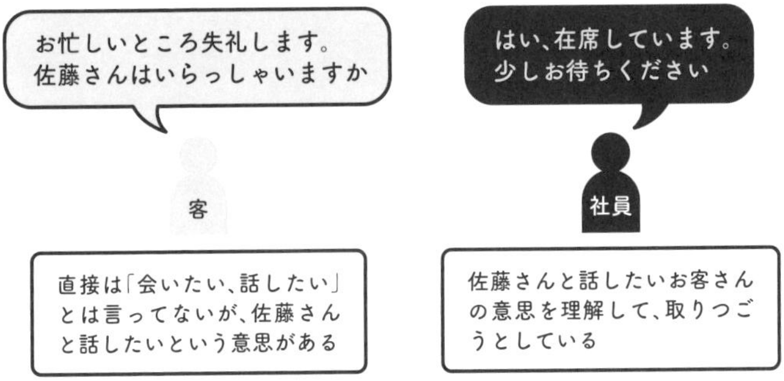

お忙しいところ失礼します。
佐藤さんはいらっしゃいますか
はい、在席しています。
少しお待ちください
客
社員
直接は「会いたい、話したい」とは言ってないが、佐藤さんと話したいという意思がある
佐藤さんと話したいお客さんの意思を理解して、取りつごうとしている

お客さんは、佐藤さんと話をするためにやってきましたが、直接「会いたい」という言葉を使っていません。**直接的な言葉を使わずとも双方の意思疎通ができる**。これが日本語における、ハイコンテクスト文化です。

この日本語の会話を英語にすると下記のようになります。

客「**Hello. Is there Mr. Sato?**」（佐藤さんはいらっしゃいますか）
社員「**Yes, he is.**」（はい、在席しています）

これだと、お客さんの意図が明確ではありませんね。ですから、来訪の目的をしっかりと伝える必要があります。

客「**I have an appointment with Mr. Sato at 1 p.m.**」
（佐藤さんと午後1時に約束しているのですが）

社員「**Okay. Could you wait a moment? I will be right back.**」
（わかりました。すぐに戻りますので少しお待ちください）

英語の場合は「佐藤さんと午後1時に約束がある」と伝えることで、ようやくお客さんが佐藤さんに会いに来たということが明確になります。

日本語と英語の文化の違い

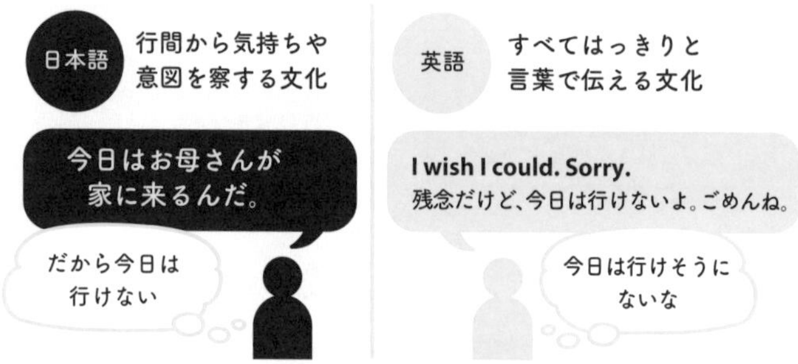

日本語
行間から気持ちや意図を察する文化
今日はお母さんが家に来るんだ。
だから今日は行けない
英語
すべてはっきりと言葉で伝える文化
I wish I could. Sorry.
残念だけど、今日は行けないよ。ごめんね。
今日は行けそうにないな

上の図のように、日本語では直接的な表現をせず会話することが多くあります。そのため、日本語→英語にそのまま変換していると、どうしても無理があったり、不自然な英語になってしまったりするのです。

英語を話せるようになるためには、英語を英語のまま理解する**英語脳**になることが必要だといわれています。「どうして頭の中で日本語→英語に変換して伝えるのはダメなの？」と疑問に思う人もいるかもしれませんが、そもそも日本語をそのまま英語に訳すこと自体に無理があるのです。

いつも話している日本語をそのまま英語にすることは難しいということを、まずは理解しましょう。

英会話を構成する要素

大きく分けると、英語はリスニング、リーディング、スピーキング、ライティングの４つの技能から成り立ちます。

4つの技能のうち、とくに英会話＝スピーキングに必要なものは**英単語、文法、構成力、発音です。**つまり、シンプルに考えると英単語、文法、構成力、発音をおさえれば、英会話の力がつくということです。

英会話に必要な４つの要素

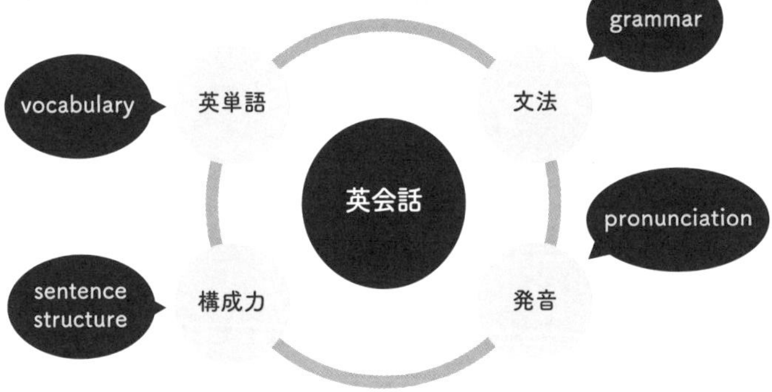

例えば「**I have an apple in my basket.**」をリスニングするときには英単語、文法を知っていても、発音を知らなかったら、意味を理解することができません。

「I have an apple in my basket.」という英語の発音を理解しているからこそ聞き取ることができて、英単語の意味を知り文法を理解しているからこそ「かごの中にリンゴをしのばせている」という意味だとわかるのです。

初心者が短い文やかんたんな単語を使った文しか理解できないのは当然です。学習することで少しずつ知っている英単語、文法、発音が増えていき、理解できる文章の難易度が上がっていくのです。

「英単語なんて今さら……」という落とし穴

「テストを受けるわけじゃないんだから、英単語なんて覚える必要はないだろう」と思ったことはありませんか。

もちろん、自分が会話で絶対に使わないであろう英単語は、すぐに覚える必要はありません。ですが、**この英単語に、英会話で必須の熟語や定型表現も含まれると考えたら、どうでしょう？**

私も「英単語なんて今さら覚える必要ない」と思っていた時がありました。すでに数年間の英語学習において、必要な英単語は、すべて知っていると思っていたからです。その考えが変わったのは、やはり留学していたときでした。

フレーザルバーブ（句動詞）という言葉を知っていますか？あまり日本ではなじみのない言葉ですが、イディオム（熟語）に近いものを想像してもらえばいいかもしれません。

フレーザルバーブには、「arrive at」「take off」など、みなさんが学校で「熟語」として習ってきたようなものもあります。この**フレーザルバーブを、英語圏では日常的によく使うのです。**

例えば「get」といえば、誰でも「get up（起きる）」は知っているでしょう。他にも「get」を使ったフレーザルバーブはたくさんあるのですが、「get」=「得る」と1:1の関係でしか日本語訳を理解していなかった私は、留学中に頻繁に耳にするフレーザルバーブの意味をまったく理解することができませんでした。

「Do you get along with your classmates?」
（クラスメイトとは仲良くしてるの？）

「Why did he get mad?」
（どうして彼は怒っちゃったのかしら）

フレーザルバーブに限らず、キーとなる英単語がわからずに困ったことも、何度もあります。英会話レッスンの最中だったら「他の言い方をしてください」とお願いできますが、レッスン以外の場面では、それが難しいこともあります。
「英単語なんて今さら……」と軽視してはいけない理由が、これでおわかりいただけたでしょうか。

スピーキングは一番先に「言いたいこと・自分の気持ち」があります。日本語の場合は意識せずに行っていることですが、実際は次ページの図のように**「英単語・文法・構成・発音」というプロセスがあって、はじめて言葉になるのです。**

「I'm so tired today.」
（今日は疲れたな）

例えば、このフレーズも、まず**自分の言いたいこと、気持ち**があり、英単語と文法を使い構成することで成り立っています。それに加え、スピーキングするときには正しい発音も必要です。これがスピーキングの基本的な流れです。
注意すべきは、正解にこだわらないことです。

まずは**粗削りでも、自分の意見や気持ちを表現できることのほうが重要だからです**。正解ばかり気にしていると、いつまで経っても前に進むことができません。

多少何かがズレていても、アウトプットの機会を増やしていけば「ずっとこの表現を使っていたけど、実際はこういう言い方が多いんだな」「この感情を、こうやって表現する人が多いんだな」といった気づきが生まれます。

こうした**気づきは、自分なりに取り組んだトレーニングと表現があってはじめて生まれるものです**。ですから決して正解にとらわれることなく、自分の知識で文章をつくり、アウトプットし、並行してインプットのトレーニングを続けます。

英語を構成している要素を理解したうえでトレーニングすることが、もっとも効率的な学習となります。そのことがわかれば、これまでにみなさんが取り組んできた英語学習も決して無駄にならず、意味のあるものに変わっていくでしょう。

インプットと アウトプットで力を伸ばす

インプットとアウトプットという言葉を、聞いたことはありますね。では、インプットとアウトプットの両方が英語学習に必要なことを知っていますか？

「わかったつもり」にならないために

どれだけ長い時間英語を学習していても、インプットだけ、アウトプットだけでは成長につながりにくいもの。**大事なのはインプットとアウトプットの両方をバランスよく学習することです。**

インプットとは文字通り「入力すること」です。具体的には、リーディング、聞き流し、英語の映画を見ることなどがインプットにあたります。

アウトプットは「外に出力すること」です。具体的には、音読、シャドーイング、ディクテーション、スピーキング、ライティングなどです。

英語の本を読むことはインプットですが、声に出して読めば、それはアウトプットになります。文法のテキストを読んでいるだけだとインプットですが、問題を解いたり、声に出してみたりすればアウトプットです。

毎日の忙しい生活の中、どうしても取り組みやすいインプットに偏りがちになりますが、英会話の力をつけるために、アウトプットは絶対に欠かせません。なぜなら英語は**インプットだけ続**

けても、アウトプットをしない限り記憶として定着させることが難しいからです。

「自分は集中してリスニングをしたり、リーディングをしたりしているからそんなことはない」という人がいるかもしれません。

では、**いつも読んだり、聞いたりしているフレーズなどを、今すぐにどれだけ口に出すことができるでしょうか。**

またはテキストを使っているなら、すでに終わった章について自分の言葉で説明することができますか？

できるとしたら、それは身についているということになりますが、もしもできないならそれはまだ覚えていない、定着していないということになります。

インプットに比重を置いた学習をしていると、どうしてもこのような「覚えたつもり、わかったつもり」の状態になりがちなのです。

アウトプットでしっかり定着させる

Sakura Englishのチャンネルで一番視聴されている動画に「ネイティブが最初に覚える英会話300フレーズ」があります。

どのフレーズも**最初に覚える**という言葉にふさわしく、かんたんで短いものばかりです。この動画には、実際に私がホストファミリーの子どもたちに教えてもらったり、耳で聞いたりしたものを集めました。

ホストファミリーの子どもたちは日本でいう小学校2年生くらいでした。その年頃の子どもを想像すればわかりやすいと思いますが、難しい単語をわざわざ使うわけでもなく、限られた語彙の中で会話をしています。それでも私にとっては、はじめて聞く言いまわしや単語ばかりで、新鮮でした。

そうした子どもたちの言ったことを聞いて**覚えたつもり**になっていても、実際に自分で口にしてみるとうまく発音できなかったり、そのフレーズ自体が出てこなかったりすることが何度もありました。見たり聞いたりすればまた思い出すのですが、使いたいときに口から出てこなくては意味がありません。

新しいフレーズや言いまわしを見たり聞いたりすると、**なんとなくわかったつもり、覚えたつもりで、知識が増えたように感じてしまいますが、実際はまだ定着させられていないことのほうが多いのです**。そこでアウトプットです。

例えば「**I have to leave tomorrow.**（明日出発しなくてはいけない）」と頭の中で読むだけでは、ほとんど記憶に残りません。そこで、音読したり、紙に書き出したりします。これを繰り返すことで、かなり記憶できるようになります。

英語のアウトプットとインプット

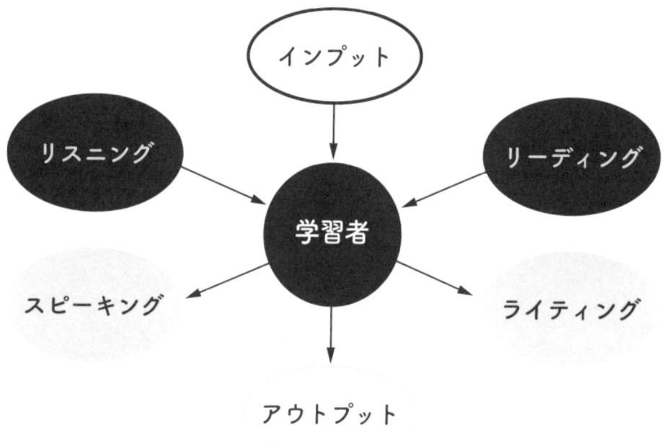

［学習のサイクル］

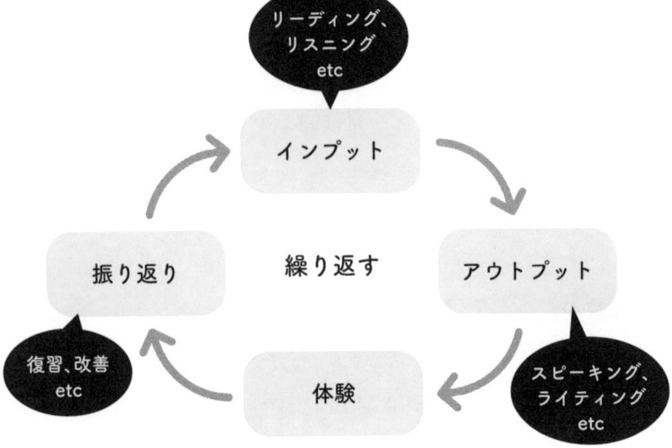

「うまくいかない」で終わりにしないこと

実際に、必要な場面でこのフレーズを使ってみることができたとしましょう。困っている外国人に道案内をすることができたり、オンラインゲームでコミュニケーションをとることができたり、どんな場面であろうとも誰かと「英語」を使ってやりとりしたなら、それは立派な「体験」といえます。でも、そこで終わりにしてはいけません。その後にやるべきことは**振り返り**です。

うまくいったことについては、そのままでも構いません。次もまた同じように正しい発音、言い方をすることができるからです。

問題は、うまくいかなかった場合です。何がダメだったのかをまず自分で把握します。**発音がうまくいかなかったのか、単語を思い出せなかったのかなどを思い出し、改善するために修正をしていきます。**

発音がダメだったなら、どの音がうまくいかないのか確認し、正しい音をしっかり聞き、うまくいくまで練習します。単語を思い出せなかったなら、何度も書き、実際に口に出して練習を繰り返してみます。

この**失敗したところの振り返りをすることが、今後の大きな成長につながります**。英会話を自分のものにできた人というのは、こういった地味で、やりたくないようなことを続けられた人たちです。

例えば、学校の試験でも間違えた問題を振り返り、復習をして、二度と間違わないように対策する子の成績は伸びていくといいます。反対に、間違えたところをそのままにしておく子は、また同じ問題で同じようにミスをし続けてしまうのです。

英語学習においても、インプット→アウトプット→体験→振り返りというのが一連の流れと考えてください。アウトプットが苦手な人もいると思いますが、この後紹介するように独学でもできるアウトプットの方法はたくさんあります。

まずは英語学習にはこの一連の流れが必要なことを覚えておきましょう。

Point

失敗を繰り返さないためには、原因を突き止めて改善することが大切

英語独学の6つのメリット

これから、私のこれまでの経験から導き出した英語独学についてお伝えしていきます。実際のトレーニング法の前に、英語独学のメリットを6つ紹介します。

1 お金がかからない

英語独学は、基本的にあまりお金がかかりません。

この本の10ページ「おすすめの学習手順」を確認しながら、手順にしたがってインプットとアウトプットをします。自分の中にしっかりと定着するまで、リーディングやリスニングのインプットと、書き取りやスピーキングのアウトプットを何度も繰り返すだけです。

必要なお金は、この本の購入にかかる費用と、スマートフォンやパソコンの通信費、ノートや筆記用具にかかる費用くらいです。気軽にはじめられますね。

2 何度でもチャレンジできる

「今年こそは絶対に頑張ろう！」

新年に意気込んでテキストを買ってみたものの、ひと月後には挫折して、テキストは部屋のすみに転がっている。それを見るたびに「自分はダメだな」と落ち込んでしまう。よく聞く話です。

繰り返しお伝えしているように、学習を継続するためには、第1章で紹介している準備が最も大事です。

それでも、なんらかの理由によって英語学習ができなくなって

独学のメリット・デメリット

メリット

- お金がかからない
- 自分のペースでできる
- 失敗しても恥ずかしくない
- 自分に必要なことだけ学べる
- 何度でもチャレンジできる

デメリット

- 自分のやる気次第
- 会話の相手がいない
- 視野が広がらない
- 自分がやりたい、やりやすい学習ばかりになりがち

しまうこともあるでしょう。そんなとき英語独学なら、もう一度すぐに挑戦することができます。

3 自分のペースで学習できる

英会話スクールやオンライン英会話など、あらかじめ時間を決めて学習することが難しい人も、毎日決まった時間に学習できない人もいるでしょう。

その点、**英語独学なら自分のやりたい時間にやりたいだけ学習を進めることができます。**朝早めに起きるのが得意なら朝にフレーズの書き取りをすればいいでしょう。通勤で歩く時間がある人は歩きながらリスニングをして、オーバーラッピングの練習をすることもできます。

今の自分に必要なインプットとアウトプットを、自分のペースで行うことができます。

4 言い間違い・失敗し放題

失敗を避けたがるのは、もはや日本人の特徴の一つかもしれません。英語を身につける過程で、失敗は避けては通れませんが、最初の段階の恥ずかしい失敗を減らすことは可能です。**英語独学なら、誰にも見られずに失敗を繰り返すことができるからです。**

頭の中ではスムーズに読めるフレーズも、実際口にしてみるとうまく発音できない場合がありますよね。こんなときは正しい発音を聞いて、できるようになるまで繰り返すしかありません。

実際の場面でスムーズに話せるようになるために、誰にも気がねなく一人で何度もインプットとアウトプットをするのです。

5 自分だけのフレーズが身につく

例えば**グループレッスンやテキストでは、自分は絶対に使わないフレーズが登場することがあります。**当然ですが、生活環境や仕事、性別によっても、話す話題や言い方も違います。

趣味の話題を英語で話したいなら、その分野の英単語をインプット・アウトプットする必要がありますが、他の人にとっては、まったく必要のない英単語という可能性もあります。そんなふうに一人ひとりが違うことを考えれば、テキストやグループレッスンでは、自分とは関係のない話題があることも、しかたのないことといえますね。

でも英語独学なら、自分だけの単語帳を作り、自分だけのフレーズ集をまとめていくことができます。**多くの人に向けたグループレッスンなどでは得られない自分だけのフレーズをどんどん増やしていきましょう。**

6 中学レベルの「英会話の型」を丸暗記すればいい

英語を学習しようと思い立った人がやりがちなのが、英単語やフレーズを一生懸命暗記することです。そしてせっかく時間をかけて暗記したのに、実際に必要な場面で使えないことに愕然とするのです。

英単語だけでは当然会話をすることはできませんし、フレーズだけ覚えても言いたいことは言えず、ストレスがたまります。せっかく学習したのに、こんな状態では悲しいですよね。

では丸暗記をすることが悪いのでしょうか？　違います。**暗記が悪いのではなく、覚えるべきことが違っていたのです。**では丸暗記するべきことはいったい何なのでしょう。

中学校で「Can you... ？」という言い方を習った記憶はありませんか。この言い方は、相手に何かをお願いするときにこんなふうに使います。

Can you tell me how to cook Sushi?
（お寿司の作り方を教えてくれませんか？）
Could you tell me how to cook Sushi?
（お寿司の作り方を教えていただけませんか？）

「Can」と「Could」の違いは、ていねいさです。「Could you... ？」のように、目上の相手には「Could」を使ってお願いをしたほうがていねいに聞こえます。

ここで丸暗記すべきはフレーズ丸ごとではなく「Can you... ？」と「Could you…？」という「型」です。この型を丸暗記してしまえば、「Can ／ Could you... ？」の後ろを入れかえて、いろいろなお願いごとを相手に伝えることができるからです。もちろん、知らない英単語を使うことはできないので、語彙も少しずつ増やしていく必要があります。

「中学英語の型なんて本当に使えるの？」と思いましたか？　第4章で詳しく解説をしますが、**かんたんに思える中学英語レベルのパターンを使って、実にさまざまなことを表現できます。**ということは、日本人はすでにその大半を学校で学んできているはずです。一般的な日本人である私が留学したときも、文法の授業については他の国の生徒よりもよくわかっていると感じました。

つまり、日本人の多くは**既に持っているものをうまく使えるよ**

型を活用して表現の幅を広げる

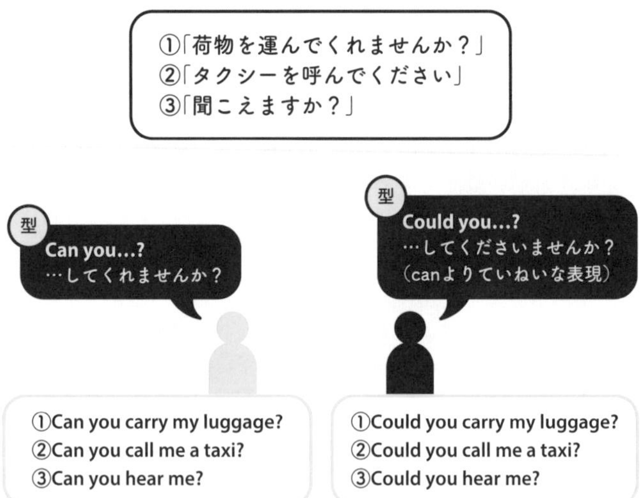

①「荷物を運んでくれませんか？」
②「タクシーを呼んでください」
③「聞こえますか？」
型
Can you...?
…してくれませんか？
型
Could you...?
…してくださいませんか？
（canよりていねいな表現）
①Can you carry my luggage?
②Can you call me a taxi?
③Can you hear me?
①Could you carry my luggage?
②Could you call me a taxi?
③Could you hear me?

うにトレーニングをすることが必要なのです。それも自分と関係のないフレーズを丸暗記するのではなく、型を使うことで自分だけのフレーズを言えるようにします。

よく使う型＋必要な英単語＝自分だけのフレーズ

英語独学では、自分が使いたい場面で自分が言いたいことをトレーニングします。**実際に英語を話す場面になったときに、とっさに出てくるようにするためのトレーニングです。**

では、左の図を見てください。

これらの日本語は、前のページで出てきた「Can you... ？」「Could you... ？」という英語ですべて表現できます。フレーズをたくさん暗記するのは大変な時間がかかりますが、活用できる型を覚えることで、1つで何通りもの表現ができるようになります。

実際、オンライン英会話の生徒だったエリやケイコが短期間で英会話を上達させることができたのは、英会話の「型」をおさえ、徹底的に使いまわしたからです。

自分の言いたいことを型にあてはめて使えるようになること。そして**英単語を組み合わせて使いまわすことで、会話の引き出しをどんどん増やすことができるのです。**

Point

英語独学のメリットとデメリットを理解し、実りある学習にしましょう

第2章のまとめ

日本語は「ハイコンテクスト文化」
英語は「ローコンテクスト文化」

日本語は直接的な言い方をせず、言外に意味を持たせた表現で会話が成り立つ。英語は基本的に言葉がすべての意味を持つ。

英語を構成するのはリスニング、リーディング、スピーキング、ライティングの4つの技能

トレーニングには「インプット」と「アウトプット」が必要

インプット、アウトプット、体験、振り返りのローテーションをすることが最善の策。

英語独学のメリットは6つ

お金がかからない、何度でもチャレンジできる、自分のペースで学習できる、言い間違い・失敗し放題、自分だけのフレーズが身につく、中学レベルの「英会話の型」を丸暗記すればいい。

丸暗記は「悪」ではない

暗記するべきはフレーズよりも「英会話の型」。

第3章

英語独学・4つのトレーニング法

独学による学習効果を最大にするための、具体的なトレーニング方法を紹介します。
ポイントはインプットとアウトプットの両方を行い、リピートすることです。自分が取り組みやすいインプットに偏ることのないよう、バランスを考えた配分をしてください。

TRAINING

OUTPUT&INPUT

01 ひとりごとをつぶやく

独学でアウトプットを増やすなら、ダントツでひとりごとをおすすめします。人が見ていないから恥ずかしくもなく、失敗し放題。家に一人でいるときや、学校からの帰り道、ふとした時についつぶやくことはありませんか？
「あー疲れた」「今日は何食べようかな」
そのつぶやきや心の声を、英語にするのが「ひとりごとトレーニング」です。

▷ 一人でできるアウトプット「ひとりごと」

英語を読むことはそれなりにできるのに、英会話が苦手という人が多いのはなぜでしょうか。その原因は、**会話ができるようになる学習方法を実践していないこと**と、語学学習で避けては通れない**失敗を極端に嫌がること**です。

例えば、料理動画を見て、「かんたんそうだ」と思った料理も、いざ自分で作ってみると、イメージした通りにできないことがありませんか。はじめて自転車に乗ったときや、運転免許の取得のために教習所に通ったときも、最初からイメージしたように運転できた人は少ないでしょう。

英会話もそれに似ています。どんなに英単語の知識や文法の知識、発音を知っていたり、聞いたことがあったりしても、最初から使いこなせるわけではないのです。

特に英会話の場合は、言いたいことをすぐに言葉にして話す瞬発力が必要です。例えば「ああ、疲れた」と日本語で言ったとします。通常意識することはありませんが、口にするまでには、「言いたいこと」があり、知っている「言葉」を使って「文」を「構成」し「発音」するというプロセスがあります。英語で話す場合も、同じプロセスが必要です。そして会話ですから、それを瞬発的に行うことが求められるのです。

▷ 口に出してはじめてわかる自分の課題

突然ですが、日本語のこんな早口言葉を頭に浮かべてみてください。
「なまむぎ　なまごめ　なまたまご……」という有名なアレです。目で見て読むことはスムーズにできるのに、口に出してみると最後まで噛まずに言うのがなかなか難しいですよね。
頭の中では黙読できていても、実際に口に出して言えないということは、日本語でも英語でもあるということを理解していただけましたか。

自分が言いたいことや思ったことを英語で伝えたいなら、実際に口を動かして練習をするしかありません。もしかしたら「**英語が話せないと、ひとりごとだって言えない**」と思うかもしれません。もちろんはじめから流暢につぶやくことができないのは当然です。ですから最初は、**英単語を言ってみること**からスタートです。

その後、**知っているフレーズを言ってみる、自分の行動や動作を言ってみる**、と少しずつレベルアップしましょう。

実際にやってみると、言い方がわからない場面に何度もぶつかると思います。そんなときは、**この本に載っているフレーズを参考にしたり、調べてメモをしたりすることを繰り返します。**ひとりごとをつぶやくのはアウトプットですから、並行してインプットも必要です。地味な作業ですが、これが大事なインプットになります。

また、かんたんな文法で間違ってしまう自分にびっくりするかもしれません。わかっているはずの単純な文法なのに、口にすると間違ってしまうことはよくあります。でも、心配しないでください。その失敗は、誰も見ていません。それがひとりごとトレーニングのメリットでもあります。

ひとりごとトレーニングは、右の図のように進めます。これから、それぞれのステップを詳しく説明していきます。

STEP 01 身のまわりのものをなんでも英単語で言ってみる

最初のステップとして、自分の身のまわりにあるものを英語で言ってみましょう。

「**bed**」「**desk**」「**pair of socks**」

最初はこのような英単語からスタートです。

ひとりごとトレーニングの進め方

準備するもの
・ノート＆ペン
・スマホ

STEP 01
英単語で言ってみる　70ページ

room, chair, desk, mirror

自分のまわりのものをなんでも
英単語で言ってみましょう。

調べてメモ

STEP 02
知っているフレーズを言ってみる　73ページ

Good morning.
I'm good.

知っているフレーズや、
なじみのある耳コピ英語を
口に出してみましょう。

調べてメモ

STEP 03
今していることをつぶやいてみる　74ページ

I get up at seven.
I take a walk.

自分の行動をかんたんな
フレーズで言ってみましょう。

調べてメモ

STEP 04
思ったことを口に出してみる　77ページ

next step イメージトレーニング

今、まわりを見回して、目に入るものすべてを英語にすることができますか？ もしもわからないものがあって、すぐに調べることができないなら、そのひっかかりとモヤモヤした気持ちを覚えておきましょう。なぜなら、**解決できなかったモヤモヤは、その対象をまた見ることが思い出すきっかけになるからです。**

例えば**bookshelf（本棚）**という英単語が思い浮かばなかったとします。調べないままだと、また本棚を見たときに、「あ！あのときもわからなかったな」となるだけでしょう。わからないものがあったらすかさず、調べてメモします。これがインプットとなります。その後、繰り返し口に出して覚えていきます。

まずは、身のまわりのものすべてを英単語で言えるようにしましょう。**このとき意識したいのが発音です。**学生のときは人の目

［身のまわりの英単語の例］

自宅にいるとき

bed（ベッド）　**pillow**（枕）
toothbrush（歯ブラシ）
chair（イス）　**desk**（机）

通勤時間

station（駅）　**exit**（出口）
ticket（切符）
tourist information（観光案内）

スマホを使うとき

settings（設定）
files（ファイル）　**clock**（時計）

わからないときは、
必ず調べてノートに
書いておく。

が気になり英語っぽい発音を恥ずかしく思っていたかもしれません。しかし、英語っぽい、つまり正しい発音に近づけないと、相手に聞き取ってもらえません。ですから、正しい発音を知り、真似をすることで伝わる英語を身につけていきましょう。

STEP 02 知っているフレーズを口に出してみる

続いてはステップ02です。ここでは、なんでも口に出して言ってみましょう！

例えばCMで使われている英語のキャッチコピー。有名なものだと「**JUST DO IT**」「**HAVE A BREAK**」などがありますね。正確さにこだわる必要はありません。**聞いたまま、耳で聞いたそのままを真似して言ってみましょう。**

私の運営するSakura Englishでは、日常で役立つ英会話フレーズを公開しています。通勤時などに聞き流し、覚えたものを思い出しながら口に出してみるのもいいトレーニングになります。バックミュージックのように聞き流すだけでは、なかなか記憶が定着しませんが、思い出しながら口に出していけば、しっかり記憶することができます。

知っているフレーズや耳で聞いた英語をつぶやくときには、できるだけおおげさに発音してみましょう。ひとりごとですから、恥ずかしがる必要はありません。そうやって、正しい発音に近づいていきます。声を大きくして、ジェスチャーもつけると最高ですね。

英語と日本語は声の出し方が違います。日本語は口の動きだけで話すことができますが、英語はもっと喉の奥のほうで発音をします。これは喉発音といわれるもので、日本語との違いです。英語は体を使って話したほうが発音しやすくなります。

ですから、もし**もうまく発音できなかったら、声を出している場所を意識してみてください**。喉と胸に手をあてながら、発音してみます。そうすることで英語らしい発音に近づいてきます。

STEP 03 今していることをつぶやいてみる

今していることや、いつもやっている自分の一つひとつの行動を英語で言ってみましょう。

I'm still sleepy.（まだ眠い）
I wash my face.（顔を洗います）

最初はシンプルな現在形を使って表現するのがおすすめです。だんだん慣れてきたら、時制や文法にも気をつけてみましょう。

毎日ひとりごとをつぶやくようになると、「これってどう表現するんだろう？」とわからないことがでてきます。他にも、「これで言い方はあってるのかな？」と思うこともあるでしょう。

どちらもそのままにしておいてはいけません。**ここでもう一歩深い学習が必要になります。**

▷ 英語フレーズを調べたいときは

「**これってどう表現するんだろう？**」と思ったことについては、そのままにせず、必ず調べましょう。

知っているフレーズの例とポイント

- 聞いたままに
- ジェスチャーや表情もつける
- 間違いは気にしない
- 言いにくかったものは何度も練習する

Good luck with it. 頑張ってね。
I'm really bored. すっごいひま。
How was your day? 今日はどうだった？
How many do you need? いくついるの？
Enjoy! 楽しんでね！
You can do it! 君なら大丈夫だよ！
Thank you for your help. 手伝ってくれてありがとう。
Exactly! たしかにね。

› おすすめ方法　その①

「DeepL 翻訳」「Google 翻訳」などの翻訳アプリを使って調べます。できるだけ、英語らしい日本語を使うことが正しい翻訳を調べるポイントです。

「コーヒーを淹れる」→「私はいつもコーヒーを淹れます」

　このように、主語を入れることで、英訳しやすい日本語を作るのがコツです。

› おすすめ方法　その②

　Google などで「コーヒーを淹れる」の後に「英語」と入力します。多くのサイトがヒットしますが、一番上からサッと見て、

1/31　**I always brew coffee.**

日付を書く

コーヒーを必ず淹れます。

make coffee でもOK。make 料理全般で使える

I make a sandwich with cheese.

チーズサンドイッチを作ります。

take a walk ＝ 散歩する

2/1　**I take a walk in the park.**

公園で散歩をします。

stay up late ＝ 夜更かしする

I stayed up late last night.

昨日夜更かししました。

ほしい情報が載っているページを確認しましょう。調べたフレーズは忘れずにノートにメモします。ノートには日付とフレーズとかんたんな日本語訳をつけましょう。

「調べる、書く、言ってみる」というインプットとアウトプットを組み合わせることが、新しいフレーズを定着させるためのポイントです。独学とはいっても、決して楽な学習ではありません。これらを何度も繰り返すことで、必ず英語力がアップします。

STEP 04 思ったことを口に出してみる

自分の行動も英語で言えるようになってきたら、**今度は日本語のつぶやきを英語にしてみましょう。**繰り返しますが、間違ったり、詰まったりしても問題ありません。慣れるまではそのようなことを何度も繰り返すのが普通だからです。

ひとりごとも英会話も、決してあなたが考えるほど難しいものではありません。難しいと思わせている理由をなくせば、きっと考え方も変わります。

- 100％正しい英語を話す
- 難しい単語を使うべき
- 会話は完全に理解する必要がある

もしもまだこんなふうに思っているなら、すぐにあらためましょう。

- 伝えることが大事
- 知っている単語でやりくりできる
- わからないときはもう一度聞く

こんなふうに置き換えてみましょう。身につけたいのは、**テストのための英語ではなく、会話をするための英語のはずです。**準備はできましたか？ では自分が思ったこと、言いたいことを英語で言ってみましょう。

朝のひとりごと

I wanna sleep more.　もっと寝ていたい。

I overslept!　寝坊した。

I'll skip breakfast.　朝ごはんはパスしよう。

I have to hurry.　急がなきゃ。

What cloth do I wear today?　今日は何着ようかな。

Oh, I don't have enough time for makeup.

メイクする時間がない。

夜のひとりごと

I'm starved.　お腹ぺこぺこだー。

I'm exhausted.　クタクタに疲れた。

I was so busy today.　今日はすっごい忙しかったな。

I wanna go home as soon as possible.

なるべく早く家に帰りたい。

I'm going to go shopping on my way home.

帰る途中でショッピングしていこう。

next step イメージトレーニングをしてみよう

ステップ04まで進めることができたなら、次は本番に向けたイメージトレーニングです。

イメージトレーニングとは、**相手がいないのに、まるでそこにいるかのように会話をするトレーニング**です。会話をした後の復習や、これから話す相手との予習として、想像をふくらませながら、質問と答え両方の会話を作っていきます。

会話のイメージがつかめない場合は、海外ドラマの登場人物の会話を想像してみます。実際に自分が使いそうな英語を言えるようになることがポイントなので、友だちとの会話や、習いごとな

ペット連れの友だちとばったり会った場面を想像してみる

Hello. Is this your dog?
こんにちは。君のワンちゃん？
Yes, this is Spike.
そう、スパイクっていうんだ。
Hello, Spike. What a cute dog.
こんにちは、スパイク。
かわいいね！
Thanks. We got him
when he was a puppy.
ありがとう。
子犬の時から飼ってるんだ。
That's great. I'd love to get a dog.
いいね！私も犬飼いたいな。
I understand.
わかるよー。

どの場面を想像してみるのがおすすめです。

とはいっても、なかなかイメージができない人もいると思うので、もう一つサンプルを紹介します。

［友だちとショッピングしている場面を想像してみる］

▷ 合っているか、通じるかはこうしてチェックする

ひとりごとトレーニングでは、**自分の発音が合っているのか、本当に通じるのかを、相手がいないから確認できない！**と思うかもしれません。そんな時に使うのが、音声入力です。

使うアプリは Google 翻訳、DeepL 翻訳など音声入力ができるものをおすすめします。**自分で英語を発音して、AI がどう反応するかを確認してみましょう。**

日本人は「L」と「R」の区別が苦手だといわれます。実際単語だけだと「L」と「R」の判別は難しく、私も「problem」と自分では発音しているのに、何度言っても「program」と認識されたことがあります。しかし、少し長めのフレーズや会話を読み上げると、少々発音がはっきりしなくても、AI も前後の流れから単語を予測してくれます。

それでも、自分が言ったことを認識されないこともあるでしょう。音声入力は、あくまで判断基準の一つですので、気にしすぎないようにしてください。**実際の場面ではジェスチャーや前後の流れなどで、相手に伝えることは十分可能です。**

ミニコラム

どうして英語の発音がうまくいかないの？

日本人の英語が英語っぽく聞こえないのは、ズバリ声の出し方が違うからです。
日本語は口の動きだけで発音ができるので、小さい声で口だけを動かして話すことができます。でも英語は違います。英語は口のもっと奥、喉で発音を発音する言語です。これは「喉発音（のどはつおん）」といわれることもあり、喉の奥で深く響く発音をします。彼らは自然にこれができているので、いわゆる英語っぽい低めの響く音になるのです。喉を開いて、喉発音ができればネイティブのような発音をすることも夢ではありません。
一番かんたんに喉を開く方法はあくびです。あくびで息を吸ったあとに、吐くその瞬間の喉の感覚を覚えておきましょう。舌の根元が下がる感じがしませんか？ その状態が「喉が開いている」ということです。その感覚で英語の発音をしてみてください。

OUTPUT&INPUT

02 英語の聞き流し

Sakura English チャンネルでおなじみの「英語の聞き流し」は、聞き方を意識することでインプットの精度をグンとアップさせることができます。
小さな子が言葉を覚えていくように、英語のシャワーを浴び続ければ、ある日突然すべての英語が聞き取れるようになるという夢物語は現実に起こるのでしょうか。
結論からいうと、残念ですが聞き流すだけでは英語は身につきません。しかし、聞き流しをうまく使いこなすことで英語力をアップさせることは可能です。

▷ 生きた英語が聞き取れないのには理由がある

みなさんはネイティブが毎日の生活で話している、生きた英語を聞いたことはありますか。今は YouTube などですぐに探すことができるので、リアルな英会話を聞いたことがある人も多いかもしれません。そのとき、ネイティブが何気なく話している英語のスピードが速すぎると感じたことはありませんか？ **字幕を見ると知っているフレーズばかりなのに、まったく聞き取れないことは実はよくあることなんです。**

落ち込む必要はありません。それにはちゃんと理由があるのです。

リスニングが難しい理由

1 アクセント
単語や文の発音に強弱がある

2 リズム
文章中に強弱やスピードの変化がある

3 リンキング
複数の単語がつながると、違う音で発音される

結果
リーディングよりもリスニングのほうが難しい

› アクセント

英単語には、強く発音するところと弱く発音するところ、いわゆる強弱があります。そして疑問詞の **Where** は強く発音するなど、文の中でも強弱があります。**日本語は比較的強弱のない平坦な言語なので、私たちは言葉に強弱があるということに慣れていません。**

› リズム

英語のリズム（Rhythm）とは強弱＋スピードの変化のことです。例えば「**What do you think of this dress?**」という英文があるとします。この文に使われている単語をすべて知っていても、聞き取れない場合があります。

リズムは、英会話には不可欠なものですが、**単語だけのときと英文のときとで「音」が変化して聞こえるため、私たちには聞き取りにくいと感じてしまいます。**

› リンキング

リンキング（Linking）とは単語と単語が連結して発音されることをいいます。

「**Check it out.**」は単語の通りに発音すれば「チェックイットアウト」ですが、リンキングによって「チェッキラ」という音に変わります。このように、**自分の知っている単語の音と違う音に変化するため、リスニングは難しいと感じてしまうのです。**

他にも、アナウンサーのように滑舌よく話す人もいれば、そうでなくて滑舌がよくない人もいます。

このような理由から、リアルな英語は、最初は聞き取りにくいのです。

そこで、クリアーなリスニング専用の音声、Sakura Englishの聞き流し動画の出番です。最初のうちは、**癖のある実際の会話を聞くよりも、トレーニング用に作られた、クリアーな発音の英語フレーズで慣れていきましょう。**

何度も聞き、アクセント・リズム・リンキングを含めた正しい発音を覚えてしまうのです。リスニングは、場所を選ばずに取り組むことができます。通勤・通学の電車、勉強の合間や家事をしながら……。自分のペースで、ちょっとした時間を使ってリスニングをすることができますね。

▷「聞き流し」を「聞き流し」で終わらせない

Sakura Englishのコンテンツを、もっとも効果的に使うための３つのポイントを紹介します。

› 1　今のレベルにあったものを選ぶこと

Sakura English も含めて、ちまたにはたくさんの英語リスニング用のコンテンツがあります。その中から何を選ぶのかが、大事なポイントです。

最初は短いフレーズで、使われている単語もかんたんなものを選ぶほうがいいでしょう。難しいものを選んでしまうと、まったく聞き取れなかったり、単語をいくつかしか聞き取れなかったりという状態になってしまいます。

集中すれば80％以上聞き取れるレベルのものを、何度も聞き込むことです。最終的に100％聞き取れるようになったら、少し難しいもの、新しいものを聞くようにしましょう。

› 2　集中して聞くこと

聞き流しというくらいですから、別のことをしながら聞くこともあるでしょう。でも、英会話の上達のために聞くのなら、集中して聞く時間も絶対に必要です。**聞くことのみの時間を作ることが英語聞き流し音声を英会話に活かすポイントです。**

› 3　聞き流しだけの学習をしないこと

英会話の上達には「インプット」と「アウトプット」の両方が必要とお伝えしましたね。聞き流しはインプットなので、他のアウトプットとうまく組み合わせて学習する必要があります。

例えばアウトプットの学習としては、すでに紹介したひとりごとトレーニング、そしてディクテーション、シャドーイング、オーバーラッピングなどがあります。これらのアウトプット学習と組み合わせることで、聞き流しを聞き流しで終わらせずに英会話にしっかりと活かすことができます。

聞き流し動画の効果的な使い方

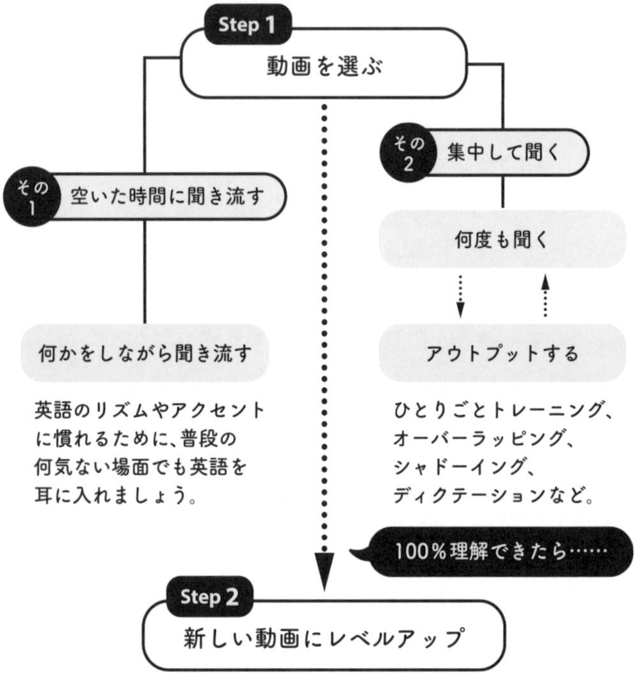
Step 1
動画を選ぶ
その1 空いた時間に聞き流す
何かをしながら聞き流す
英語のリズムやアクセントに慣れるために、普段の何気ない場面でも英語を耳に入れましょう。
その2 集中して聞く
何度も聞く
アウトプットする
ひとりごとトレーニング、オーバーラッピング、シャドーイング、ディクテーションなど。
100％理解できたら……
Step 2
新しい動画にレベルアップ

▷「集中して聞く」ってどういうこと？

3つのポイントをふまえて音声や動画などのコンテンツを選んだら、次は使い方のポイントをお話しします。

まずは、コンテンツの全体を聞いてみましょう。80％以上の英語や意味が理解できれば、「自分に合った動画を視聴できている」と判断してOKです。**最初の10個くらいのフレーズがまったくわからない場合は、もう少しかんたんなものに変えてみましょう。**

レベルに合っているコンテンツを選んだら、最後まで通して聞きます。一度にすべて聞くのが難しい場合は、何度かに分けても構いません。最後まで聞くことができたら左ページの図のイメージで、聞くこととアウトプットを繰り返します。

動画を使ってのアウトプットとしておすすめなのが、オーバーラッピングです。**英語のフレーズを耳で聞いたら、追いかけるように口に出します**。頭の中で読むことはできても、口に出してみるとうまく発音できなかったり、口が動かなかったりすることもあります。実際に言ってみて、お手本通りに発音することができるかどうかを自分で確認してみましょう。

オーバーラッピングができるようになってきたら、音声や動画を停止した状態でテキストを見ながら、しっかりと発音してみましょう。うまくできないと感じたら、もう一度音声・動画で確認をします。**「聞く」→「発音する」を繰り返すことで、フレーズが知っているだけのものから「使える」ものへと変わります**。

そして使えるようになったフレーズを、今度はひとりごとで使ってみましょう。自分のこととしてつぶやくことができたら、そのフレーズはもうあなたのものです。ひとりごととして使えそうもないものについては、そのフレーズを自分はどんな場面で使えそうかイメージしてみます。

聞き流しのコンテンツは、アウトプットと組み合わせることで、効果的なツールになります。聞き流すだけで身につく、という夢物語は叶いませんが、他のアウトプットと組み合わせることでしっかりと結果に結びつけることができます。

TRAINING

03 英語日記

OUTPUT&INPUT

誰でも一度は書いたことがある日記。この日記を英語で書くことによって、トレーニングをすることができます。
楽しくかんたんに英語日記を取り入れるコツと、学習に活かす方法を紹介します。

▷ 1行日記で英語力アップ

私がはじめて英語で日記を書こうと思ったのは、高校生の夏休みのこと。でも、「**英語で1行だけの日記を書こう**」と思い立ったものの、まったく鉛筆が進みません。1行の日記ですから、もちろん日本語ならスラスラと書けます。それなのに、なぜかスムーズに英語にできないのです。自分ではそこそこ英語が得意なほうだと思っていたので、ショックでした。

例えば、「今日はボーっと一日を過ごした」と表現したいのに、うまく英語にできません。習った単語を一生懸命思い出しても、和英辞典を使ってもイマイチな感じです。

I'm bored all day today.（今日はずっとたいくつでした）

これではなんとなく違っている気がしました。

「アメリカの人は私と同じことを考えないのかしら」
「もしかしてアメリカ人と日本人は違う思考で生きているんだろうか？」

自分の英語力のなさを棚に上げて、そんなことまで真剣に考えたりもしました（ちなみにそのころの私にとって、英語＝アメリカ人でした）。それでも1カ月の間、自分の気持ちやできごとを英語にするために、文法の使い方も含め、自分なりに四苦八苦しながらやり遂げました。その時間は後から考えると、とても貴重な時間となりました。夏休みが終わるころには、グッと英語力がアップしたからです。

繰り返しますが、書くこと＝アウトプット、自分で調べる＝インプットです。**この2つを毎日繰り返すことで、当時の私の英語力は低いステージながらもアップし、英語に対する意識がかなり変わりました。**

日記を書くことで、英語に対する瞬発力がついたのでしょう。書いたことはすぐにアウトプットできるようになりました。夏休みが終わってからも日記を続け、洋楽のカッコイイ表現を書いてみたりしたこともありました。日記は基本的に誰かに見せるものではないので、自由に表現できるのがいいところです。

特別なできごとがあった日以外は、その日の気分や天気、行動などについて書くといいでしょう。自分がよく知っている、好きな分野について書くのもおすすめです。

料理が好きなら料理のこと、ゲームにはまっているならゲームのことについて書けばいいんです。料理ならではの英語フレーズがあるように、ゲームならではのフレーズもあります。

学生時代の英語の授業だけで、私たち日本人が英語を話せるようにならない理由の一つに、**自分とは関係のない例文を学習していたことがあるでしょう**。ですから英語日記では自分の思い入れのある分野、自分について書くことで、必要なフレーズを学ぶことができます。

人は自分に必要なことや、好きなことは忘れにくいものです。まんべんなく学習するスタイルではなく、**本当に自分に必要なフレーズや単語を集中して覚えていくこと**がコツの一つです。

それでは、早速ノートとペンを用意して、日記の準備をしましょう。「手で書くの？」と思いましたか？

手を使って紙に書いてほしいのには理由があります。学生を追跡調査したノルウェー科学技術大学教授のオードリー・バンデルメーア氏は論文の中で、**キーボード入力ではなく、自分の手で書くことで多くの感覚が活性化され、よりよく学び、記憶できる**と言っています。

私の経験からも、キーボード入力よりも書いたほうが、記憶が定着しやすいように感じています。めんどうかもしれませんが、

英語日記のステップ

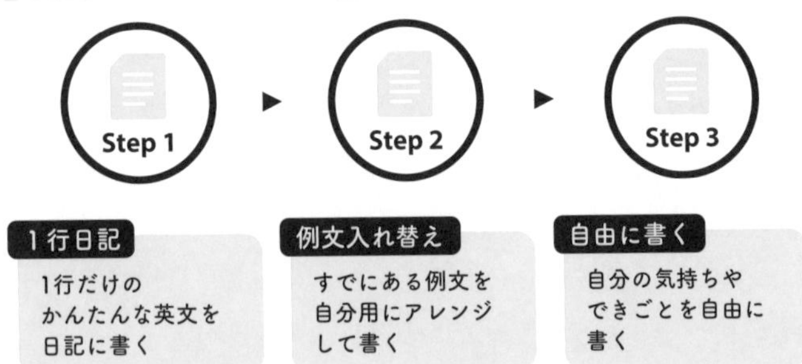
Step 1
Step 2
Step 3
1行日記
1行だけのかんたんな英文を日記に書く
例文入れ替え
すでにある例文を自分用にアレンジして書く
自由に書く
自分の気持ちやできごとを自由に書く

一度ぜひ手書きの日記を試してみてください。違いを感じることができなければ、スマホに変えてください。

STEP 01 書いてみよう！　1行日記

まずは、**特別なルールを決めず、好きなように英語で1～3行書いてみましょう**。書きたいことがないという人は、天気のことや、そのときの自分の気持ちをシンプルに書くことからはじめます。

他にも、その日食べたものや、読んだ本やドラマのタイトルなどを書くのもいいでしょう。日記は後から読み直すこともあるので、日付も忘れずに。

7/1　**It is humid & hot today.**
今日はムシムシして暑い。

日付を書く

I am so tired.
今日は疲れた。

日記のネタ
天気、できごと、趣味、今の気持ち、食べ物、スポーツ、習いごと

7/3　**I ate too much.**
I'm full. おなかいっぱい。9/6
beef-bowl, miso-soup,pickles,chocolate
食べすぎた。

7/4　**I watched the movie "MI".**
ミッション・インポッシブルを観た。
It was so exciting!
大興奮！
I'm so excitedも同じ意味。10/15

STEP 02 例文入れ替えで自分のフレーズを書いてみよう

ステップ02では、**すでにできあがっている例文の一部を入れ替えて、自分に合ったフレーズを作ってみましょう。**

例文は下記のものを参考にしてもいいですし、次の章の「英会話の型」も使いやすいはずです。自分の趣味についてならスマホで「○○ 英語」などと自分で検索しながら、フレーズを作ってみましょう。

例文を入れ替えてみる

I went to a cafe with my friend. → I went to a grocery store on my way home.

「家に帰る途中にスーパーへ行った」に変更する。

I used to believe in Santa Claus. → I used to chat with my friend until late at night.

「昔は夜遅くまで友だちと話したものだった」に変更する。

I am used to cold weather. → I'm used to waking up early.

「早起きすることに慣れています」に変更する。

今日のできごと

I woke up at 7am. 7時に起きた。

I had breakfast at 7:30am. 7時半に朝食をとった。

I went to the supermarket after work.
仕事の後にスーパーへ行った。

I cooked pasta tonight. 今夜はパスタを作った。

I played with my cat. 猫と遊んだ。

I watched a movie after my bath. お風呂の後に映画を見た。

I went to bed at 11 pm. 11時に寝た。

I overslept in the morning. 今朝は寝坊した。

I grabbed a coffee on my way to the office.
会社へ行く途中でコーヒーを買った

It rained all the day. ずーっと雨の一日だった。

I had a long meeting to improve the problem.
問題解決のために長い会議に参加した。

気持ちや感情

I was really tired after work. 仕事の後すごく疲れた。

I felt so happy to meet my friend. 友だちに会えてうれしかった。

I can't wait for the weekend. 週末が待ち遠しい。

I got mad with my boss. 上司に腹が立った。

I am sick of the packed train. 満員電車にもううんざり。

I'm happy to get the message from my old friend.
昔の友だちからメッセージをもらって、すごくうれしい。

I wonder why I am so busy. なんでこんなに忙しいんだろう。

It is my challenge, but I'm sure I can do it.
私にとってはチャレンジだけど、きっとできると信じる。

STEP 03 難易度高め！フリーの日記は日本語を先に書く

ここまできたら、英語で日記を書くことにかなり慣れてきたはずです。例文入れ替えで自分のことを書けるようになってきたら、**日本語の日記をそのままに英語で日記を書いてみましょう。**英語で直接書いていける人は、もちろん英語だけで大丈夫です。

Friday, 7th, July

日本語を書く

今日はいい天気だった。そして40歳の誕生日！
会社へ行ったら、同僚がお花をくれた。私の誕生日を覚えていてくれて本当にうれしい。
明日もいい日になるといいな。がんばろう。

調べた英語

同僚――**colleague**
頑張る――**do my best**
花束――**bouquet**（**flowers**でもいい）

It was a sunny day today and 40th birthday for me!

co-workersともいう

When I came into the office, my colleagues gave me a bouquet.

花束のこと

I am so happy that they remember my birthday.
Well, I am going to do my best. I hope tomorrow will be a nice day too!

ただ、学習のために、確認しながら書きたい人には、先に日本語で日記を書き、それを英訳する方法があります。その際に一つ注意点があります。

文章のまま和英辞典などで直訳をしてはいけません。理由は不自然な英語になってしまうからです。調べたいときは、短い語句を調べて、文は自分で作りましょう。

ステップ03は、ステップ02までを一通りやったうえでのフリースタイルです。ここまでに覚えたことを活かして日記を書いていきましょう。

6/1 It rained so hard today. But I was happy,because I ran into Maiko! We haven't seen each other for almost one year. I hope we have a talk next time...

今日はすごい雨だった。でもいいこともあったんだ。1年以上会ってなかったマイコに偶然会えたから。今度はゆっくり話せるといいな。

6/2 I have a runny nose and my eyes are itchy. I might have hay fever. OMG. Should I take some medicine?

あー、鼻水が止まらないわ、目がかゆいわ…。花粉症かもしれない。何か薬飲んだほうがいいかな。

OUTPUT&INPUT

04 英会話の型

フレーズや単語をたくさん知っているのに、「話したいことが口から出てこない！」という悔しさを味わったことがある人はいますか。私もその一人です。
日本語でならしっかりとした大人の話し方ができるのに、英語だとまるで幼児のように片言の単語しかでてこない……。覚えた英単語やフレーズはどこへ行ってしまったのだろうと、何度も歯がゆい気持ちを経験しました。
実は、やみくもにフレーズを暗記しても、会話力はそれほど上がりません。必要なのは自分が使いやすい「英会話の型」を覚えてしまうことです。「型」を使えば、単語を入れ替えるだけで気持ち、行動などを伝えることができるんです。

▷ 必要な「型」だけを使いまわす

　私が失敗を経験してたどりついたのが、英語のスリム化でした。断捨離と言ってもいいかもしれません。必要のあるものだけを使いまわすことに決めて、残りは片づけるということです。最初のうちはミニマルにはじめ、レベルアップにともなって、もう一度少しずつ増やしていきましょう。
　スリム化するにあたって使いまわす型。私がおすすめしたいのが、第４章でご紹介する100パターンの英会話の型です。**これら**

の厳選された型を使って、自分の言いたいこと、意見や気持ちを表現します。

型にあてはめるということは、日本語の言い回しを変えることでもあります。何度もお話ししているように、英語らしい日本語に変えることでスムーズに英語に変換することができるからです。もちろん最終的に目指すのは、頭の中で日本語から変換することなく、英語でダイレクトに考える英語脳です。

「入っていいよ」→「あなたは入ることができる」

You can come in.

英語らしい日本語に

STEP 01 Sakura Englishで音声を聞いてみる インプット&アウトプット

まずは、Youtubeで音声を聞きます。リズム・アクセント・リンキングなど英語特有の発音に耳を傾けましょう。動画の指示にしたがい、リピートしてみましょう。英語音声は3回流れるので、真似して発音をしてみます。

その際、ぜひ**テキストを見ずに、聞いたままを発音することにも挑戦してください**。文字は英語を理解する助けとなりますが、**文字を見ることで、本来の発音から遠くなってしまうこともあるからです**。ですから、耳コピで発音するということもぜひ取り入れてみてください。

STEP 02 自分が最も使いそうな10パターンを選ぶ

第4章で紹介する100パターンの型は、誰もが一度は耳にしたことがあるような、使いやすいものばかりです。でもまずは、**自分が最も使いそうな10パターンに印をつけてください。**解説を読み、内容を理解したうえで、そのまま例文をノートに書き出します。できれば何度か書いてみましょう。

STEP 03 「英会話の型」で、自分だけのフレーズを作る

必要な10パターンの型をしっかりと理解したら、次は自分だけのフレーズを作ってみましょう。自分の言いたいことに合わせて、必要な単語に置きかえます。そのときも、ノートに書くことで記憶の定着をうながします。

ここで大切なのは、書き留めたフレーズをアウトプットすることです。ひとりごとトレーニングなら、場面に合わせて自分だけの英語フレーズを効果的にアウトプットすることができます。いつもの行動、いつもの場所など、自分に必要なフレーズを作ってみてください。

自分だけのフレーズの作り方

普段、自分が言いそうなことを考えてみよう

I'm gonna... ～するつもりです。

I'm gonna go shopping.

ショッピングへ行くつもりです。

I'm gonna have a haircut.

髪を切るつもりです。

I'm gonna bake some cookies.

クッキーを焼くつもりです。

TRAINING

番外編 時間を使う

OUTPUT&INPUT

01 ～ 04では、トレーニングの具体的な方法について解説しました。ここでは、語学学習ではお金ではなく時間を使わなくてはいけないということについて説明します。正しいトレーニングに時間を使えば、今よりも必ず前に進むことができるのです。

▷ 英語を使いこなすには1,000時間必要!?

日本人が英語を使えるレベルになるためには、1,000時間の学習時間が必要といわれています。

アメリカの外交官を育成するFSI(Foreign Service Institute)という機関が、過去70年間のデータをもとに、アメリカ人が外国語を習得する難易度と必要となる学習時間をまとめています。

表を見ればわかる通り、日本語はアメリカ人にとって一番難し

カテゴリー	言語	必要な時間
▶1～2	イタリア語、デンマーク語、フランス語、スペイン語、ポルトガル語、ドイツ語など	575～750時間
▶3	インドネシア語、スワヒリ語、マレーシア語など	900時間
▶4	クロアチア語、チェコ語、フィンランド語、ロシア語、ベトナム語など	1,100時間
▶5	アラビア語、中国語、韓国語、日本語	2,200時間

出典:https://effectivelanguagelearning.com/language-guide/language-difficulty/

い言語とされています。そしてカテゴリー１～2のドイツの英語習得ランキングは10位。このことから、アメリカ人による外国語習得の難易度と、その逆の英語の習得難易度には、ある程度相関があると考えられます。このデータによると、アメリカ人が日本語を習得するのには2,200時間が一つの目安とされています。相関があると考えるなら、**日本人が英語を習得するには2,200時間という時間が必要となるのです。**

日本人が中学校・高校で英語を学習した時間は合計1,200時間ほどとされています。このことから、これから英語を習得するのには、最低でも1,000時間が必要ということになります。

毎日の学習時間に落とし込むと、こんな試算ができます。

■1時間／１日　学習した場合→２年９ヶ月
■2時間／１日　学習した場合→１年４ヶ月
■3時間／１日　学習した場合→11ヶ月！

この本では、1日に2時間の学習を提案します。毎日2時間を学習に使うのは大変ですが、すでにご紹介した「ひとりごとトレーニング」「英語聞き流し」など、すべてを組み合わせての2時間です。右の図のように、通勤・通学時間や寝る前など、ちょっとした時間を積み重ねれば、十分可能ではないでしょうか。

「○週間で○○ヶ国語を習得」といった夢のような話を見聞きすることもありますが、残念ながら多くの人にはあてはまりません。かけた時間の分だけ、語学は身についていくと考えるのが妥当です。逆に言えば、正しいトレーニングを、時間をかけて行えば、必ず上達が実感できます。1年後の変化をイメージして、毎日のトレーニングを積み重ねましょう。

1日2時間学習するモデルスケジュール

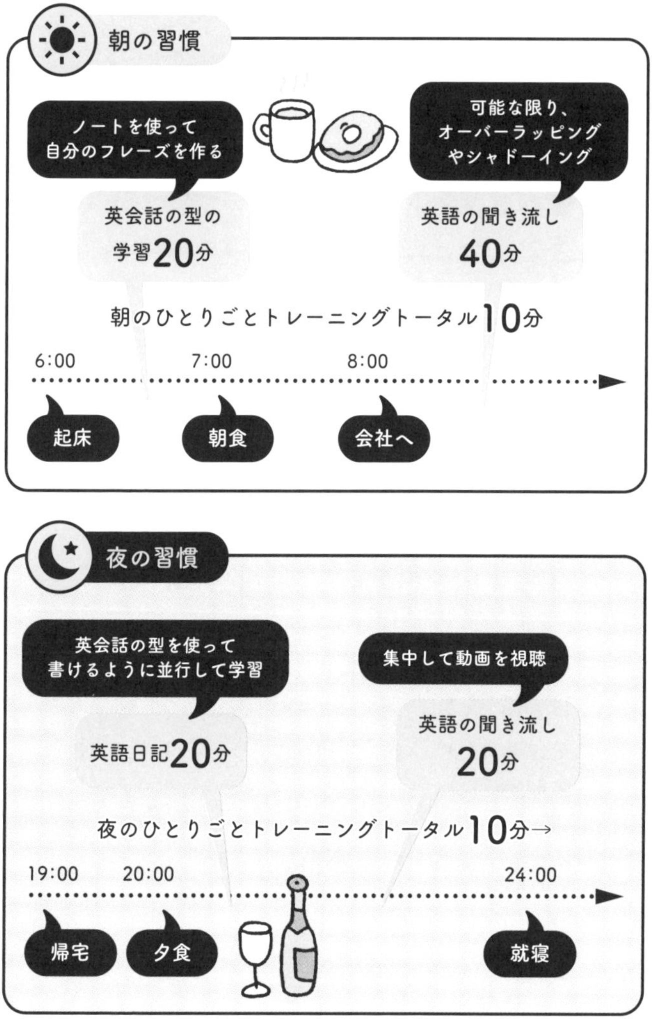

朝の習慣
ノートを使って
自分のフレーズを作る
英会話の型の
学習20分
可能な限り、
オーバーラッピング
やシャドーイング
英語の聞き流し
40分
朝のひとりごとトレーニングトータル10分
6:00
7:00
8:00
起床
朝食
会社へ
夜の習慣
英会話の型を使って
書けるように並行して学習
英語日記20分
集中して動画を視聴
英語の聞き流し
20分
夜のひとりごとトレーニングトータル10分→
19:00
20:00
24:00
帰宅
夕食
就寝

第3章のまとめ

- 独学でもインプットと
アウトプットの両方を行うことで
英会話を習得できる

- 独学で英会話を習得するために
推奨するトレーニング

ひとりごとトレーニング、英語の聞き流し、英語日記、英会話の型の4つを駆使して、英会話力をつける。

- トレーニングは、現状を把握し、
適切なレベルからスタートする

- 英会話の習得には
「時間」をかけることが重要

目安とされている1,000時間をクリアするために、長期的にスケジューリングすること。

- 時間を使えば、必ず前に進むことができる

第4章

厳選！
英会話の型
100

これまでの自分の経験や
チャンネル視聴者の感想をもとに、
実際の英会話で確実に使う「英会話の型」を
100パターン厳選し、用意しました。
難しいものではなく、学校の授業でも
耳にした記憶があるものがほとんどです。
この型を使いこなして、
ぜひ英語が話せる喜びを実感してください。

🔊 001

I prefer…

… をより好む。

I prefer soccer to baseball.

野球よりサッカーのほうが好きです。

▶ 基本形はprefer A to B

「どちらのほうが好きですか？」と聞かれることは日常的によくあります。とくに旅行やレストランなどで「コーヒー？ それとも紅茶？」のように、実によく使われます。

答え方の基本は I prefer A to B の形です。比較対象がわかりきっている場合については、to B を省略しても問題ありません。同じ意味の言い換え型としては like A better than B があります。

prefer と would prefer は、ほぼ同じ意味として使われます。would prefer の後に動詞＋ ing は使わないという違いがあります。

使える！ フレーズ

I prefer going by ferry to flying.

飛行機で行くよりフェリーで行くほうが好きです。

I would prefer to speak to you alone.

あなたと二人きりで話したいのですが。

aloneが使えるのは「一人だけ」ではありません

I'd prefer to go by myself.

一人で行くほうがいいです。

I'd prefer juice, if you have some.

もしあれば、ジュースのほうがいいです。

002

Let me ...

... させて。

Let me handle this.

これは私に任せて。

▶ 相手に控えめに提案するときの表現

Let me ＋動詞で「私に～させてください」という意味です。形としては命令形ですが、比較的控えめなお願いの表現で、日常会話でもビジネスシーンでもよく使われています。

Let me の後ろは動詞ではなく、Let me through のように副詞の場合もあります。決まり文句のようなものも多いのでそのまま覚えてしまってもいいでしょう。よく使われる **Let's** は **Let us** を短縮した形で「～しましょう」とカジュアルに誘う表現となります。

使える！フレーズ

Let me check.

確認しますね。

Let me through.　混んでいるエレベーターや電車の中などで使えます

通してください。

Don't let me down.　let～down＝～を失望させる

がっかりさせないでください。

Let me know what you think.

意見を聞かせて。「私に知らせてください」と相手にお願いする表現

003

Thank you for.../ Thanks for...

...をありがとうございます。

Thanks for coming.

来てくれてありがとう。

▶ Thank you.は目上の人に使っても失礼にならない

Thank you はすでに日本語としても使われているフレーズです。単独で使うだけでなく、**してくれた事柄に対して「〜してくれてありがとう」と伝えたいときはThank you for の後に例文のように動詞＋ing をつけます。**

"for" の後に名詞が来る場合は、そのまま名詞を置くだけで文章になります。I appreciate がていねいな言い方だと思っている人もいますが、別の言い方だと考えたほうがいいでしょう。Thank you は目上の人に使っても失礼にはなりません。

使える！フレーズ

Thanks for everything.

いろいろありがとう。

感謝したいことが一つでなく、いろいろある場合に使える

Thank you for your cooperation.

ご協力ありがとうございます。

前もって、事前に

Thanks in advance for your help.

前もって言いますが、手伝ってくれてありがとう。

Thank you for your thoughtfulness.

心配してくれてありがとう。

思いやり・心遣い

Don't be…

…にならないで。

Don't be so serious.

深刻にならないで。

▶ 目の前の相手に伝えるのでDon'tを使う。

Don'tを使って伝えることができるのは、目の前の相手だけになります。ですからDon'tだけでDoesn'tになることはありません。また命令形のフレーズは、現在やこれからの動作に対してしか使いませんので、過去形のDidn'tになることもありません。

命令形がすべて命令しているというわけではありません。大切なのはどんな口調で言うのか？ どんな感情をのせるのか？ ということです。優しい口調では励ましやアドバイスになり、厳しい口調ではまったく違うものになります。日本語も英語も同じですよね。

使える！フレーズ

Don't be late.

遅れないで。

Don't be silly.

ふざけないで。 くだらない、ばかげた

Don't be mean.

意地悪しないで。 meanには「意地悪な」という意味もあります

Don't be late for the train.

電車に遅れないで。

005

I got...

... を手に入れた。

I got a text from Mika.

美香からメッセージがきました。

使用頻度の高いGetはコアイメージを理解する

基本動詞の一つであるGetは中学校で習います。「〜を手に入れる」をコアイメージ（核）とするもので、日常会話ではさまざまな場面で使われる単語です。**人から何かを受け取ったりするときだけでなく、モノ以外についての「結果」や「病気」などにも使います。**さらに、ネイティブはGetを使ったフレーザルバーブ（句動詞）を日常的にたくさん使っています。このページのGotは基本的な使い方ですが、次のステップではフレーザルバーブに取り組んでみましょう。

使える！フレーズ

I got a new phone for my birthday.
誕生日に新しい携帯電話をもらいました。

I got good grades when I was in school.
学生時代、成績が良かったです。
学校に通っている（在学中）の意味

I got the shirt in Japan.
日本でシャツを買いました。

I got an expensive bag from my mom.
母から高級なバッグをもらいました。

006

There is / There are…

… がある。

There's a reason for this.

これには理由があるんです。

▸ はじめて出てくる話題に使うことが多い

この使い方の場合、There に「そこ」という場所を示す意味はありません。単にモノの存在を示すための形式的な主語として There が使われています。**文法は There is/are + 名詞 + 場所が基本の形です。**また、会話の中ではじめて出てくる話題にだけ使用します。There's は There is の短縮形で、スピーキングで使います。There are は There's または There is の複数形の表現です。

使える！ フレーズ

There are four people in my family.
私の家族は4人です。

電波のこと。receptionという表現も

There is no signal here.
ここは電波が届いていません。

There are so many useful recipes in this magazine.
この雑誌には役立つレシピがたくさんあります。

There are not any banks around here.
このあたりには銀行が全然ありません。

007

I’m happy to…

... でうれしい。

I'm happy to hear that.

それを聞けてうれしいです。

▶ happyはそれほど大げさな意味ではない

happy という言葉を「幸せ」という意味だと理解している人が多いかもしれません。でも実際の**日常会話においては、「幸せ」というよりも「うれしい」ぐらいの意味で使われることが多いです。**

相手に何かオファーするときには「喜んで～します」というニュアンスの日本語に訳すことができます。また、I am happy は I am glad に置きかえることもできますが、実は glad は L の発音が難しいので、happy の表現をおすすめします。

I’m happy をさらに強調したい時は、really などで修飾します。

使える！フレーズ

reallyを加えて気持ちを強調してもよい

I'm happy to see you again.

またお会いできてうれしいです。

I'm always happy to answer questions.

いつでも喜んで質問にお答えします。

I'm happy to help you.

喜んでお手伝いしますよ。

I’m very happy that I passed the exam.

試験に受かってうれしいです。

examinationの省略形

I'm gonna.../I'm going to...

... するつもりです。

I'm gonna do it.

僕がやるつもり。

▸ gonnaはgoing toの短縮形

意味も使い方も going to と gonna はまったく同じです。**gonna は家族や友人、知り合いとの会話の中で使われるカジュアルな表現です。** カジュアルな話し言葉なので、通常はメールや文書などの書き言葉としては使いませんが、友だちとのチャットや SNS では頻繁に使われています。また同じような短縮形の代表として wanna=want to（～したい）、gotta=have got to（～しなければならない）があります。実際に何度も言ってみると、I'm going to よりも I'm gonna のほうが言いやすいことがわかると思います。

使える！フレーズ

Do you wanna come?の短縮形。気軽な誘い方

I'm gonna go shopping later. Wanna come?
この後買い物に行くんだけど、一緒に行かない？

I'm going to have my hair cut now.
これから髪の毛を切りに行ってくるよ。

I'm gonna stop smoking.
そろそろタバコをやめます。

I'm gonna take a break.
ちょっと休憩しますね。　休憩する。ひと休みする

009

That sounds (like)...

それは ...（のよう）だね。

That sounds awesome!

それはいいね！

聞いたことに対してのsound（聞こえる）

この場合の sound は音という名詞ではなく、動詞です。聞いたことや書かれていることに対しての自分の感想を言うことができます。聞いたこと、書かれていることに対して使いますが、**声や音だけでなく、「話の内容」に対して感想を言うときにも使うことができます**。また、見たことに対しての言い方として look（like）があります。どちらも That seems like a long day.（長い一日だったみたいだね）のように、seem で言いかえることができます。

使える！フレーズ

日本語のリスキーと同じ意味

That sounds like a risky strategy.
それは、リスクをともなう戦略のように思える。

That sounds like a long day!
長い一日だったみたいね。

表情からの感想ならYou look tired.

It sounds like you are tired.
疲れているみたいだね。

That sounds like a good idea.
それは楽しそうだね。

010

I'd like to...

... したいです。

I'd like to ask you a favor.

お願いがあるんですが。

▶ I'd like to＋動詞の原形で「～したい」を伝える

旅行先などで店員さんに「～したい」という場合に、ていねいな表現のI'd like to... はよく用いられます。このI'd like toはI would like toの短縮形です。**意味合いが同じI want toの表現よりも、ぐっとていねいな言い回しになります。**面識のない人に対して、ていねいに依頼する時、お願いごとがある時に便利な表現です。相手にお願いしたい時は、I'd like you to send this to me, please.（これを私に送っていただけますか）のように、間にO（目的語）をはさみます。

使える！フレーズ

I'd like to hear from you.
あなたの意見を聞かせてください。

注文する時に使うhave

I'd like to have a cup of coffee.
コーヒーをお願いします。

I'd like to change my flight to the next day.
次の日のフライトに変更したいのですが。

I'd like to make a reservation.
予約をお願いしたいのですが。

レストランなどの予約の場合。
人に会う約束の場合はappointment

011

I enjoyed...

... して楽しかった。

I enjoyed talking with you.

楽しくお話ができました。

▶ enjoyの後ろには目的語を置く

中学校で習い、日本語としても浸透している enjoy は、文法的には他動詞なので後ろに必ず目的語が必要です。ただ例外があり、口語的、特にアメリカンイングリッシュにおいては目的語なしの enjoy だけで使用する場合があります。

レストランで食事を運んできたウエイターが Enjoy! と言っているのはおなじみの光景ですね。また、注意することとしては、enjoy の後ろには to+ 動詞の原形は使われず、動詞 + ing が続きます。こちらも中学校で勉強しましたね。

使える！フレーズ

I enjoyed myself.
すごく楽しかったです。

enjoy yourself!で「楽しんでね」という意味

I enjoyed spending time with you.
楽しく過ごせました。

I enjoyed your company.
ご一緒できて楽しかったです。

companyは「会社」以外に「一緒にいること」の意味があります

I enjoyed dinner.
ディナーを楽しみました。

012

I'm ready...

いつでも ... できる。

I'm ready to go.

いつでも出かけられます。

▶ readyは「準備ができた」という形容詞

I'm ready. は「準備ができました」という意味になり、**後ろに「to ＋動詞」や「for ＋名詞」をつなげることで、具体的に何の準備ができているのかを伝えられます。**疑問文の Are you ready? はいろいろな場面で耳にする定番フレーズです。また I'm ready.（準備はできてます）と単独で言うことも可能です。ready は名詞として使う場合もあります。He stood by the phone, pencil at the ready.（彼は電話のそばで、鉛筆を用意していた）のように、意味としては「準備ができていること」なのでわかりやすいですね。

使える！フレーズ

I'm ready to order.

注文お願いします。

I'm ready if you are.

あなたがよければ、いつでもどうぞ。

areの後にreadyが省略されていると考えると理解しやすい。「あなたの準備ががができていれば」です

I'm ready for the test.

テストの準備は万全です。

I'm ready for anything.

何事にも万全です。

013

I wonder...

... なのかな。

I wonder if it’s going to rain tomorrow.

明日は雨が降るのかな。

▶ 疑問や不思議に思うことを表現するI wonder...

相手に絶対に答えてほしいのではなく、ただひとりごとのように**疑問を声に出すのがI wonder**です。ダイレクトにたずねるのではなく、「～なのかな？」や「～なんだろう？」のように**5W+1H を組み合わせて遠回しな表現として使うことができるので、実は日本人に向いている表現の一つです**。ひとりごととして使うことにも向いています。また、I wonder if you could give me some information.（何か情報をいただけるといいんですが）のように、お願いとして使う場合もあります。

使える！フレーズ

I wonder who is coming to the party.
誰がパーティーに来るんだろう。

I wonder why he is so late.
どうしてこんなに遅いんだろう。

Reallyでも OK

I wonder why she is in a bad mood today.
彼女は、今日どうして機嫌が悪いんだろう。

機嫌が悪い

I wonder when I’m gonna get married.
私いつ結婚するんだろう。

marriedは形容詞で「結婚している状態」。それをゲットするので「結婚する」

I mean...

私が言いたいのは ... / つまり

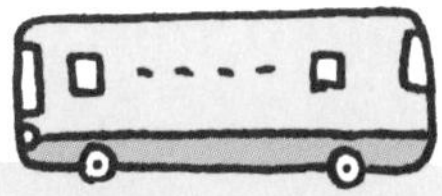

I’m going to Osaka tomorrow. I mean, on Sunday.

明日大阪に行きます。つまり、日曜ということです。

▶ 会話の前半を補足するI mean...

話の一区切りのときにI meanと続けることで、内容を補足することができます。**状況次第でI meanは、自分の意見を強調したり、間違いを訂正したり、情報をカバーしたりする意味として使われます。**

mean（意味する）と1つの意味で理解している人が多いですが、補足される文により日本語訳が変わってきます。文頭だけでなく、I really do love him - as a friend, I mean.（彼のことは本当に好きよ、友だちとしてってことだけど）のように、文末に使うこともあります。

使える！フレーズ

I mean you are smart. 「賢い、頭がいい」です

私が言いたいのは、あなたは賢い人だってことです。

You should bring an umbrella. I mean, look at the sky.

傘を持って行ったほうがいい。つまりね、空を見てごらん。

Sorry, I mean I want to do that by myself.

悪いね。つまり自分でやりたいだけなんです。

I do really love him…I mean as a friend.

彼のことは本当に好きです。つまり友だちとしてですが。

🔊 015

I am trying to...

やってみようと思います。

I am trying to lose weight.

やせようと思っています。

▶「しようとしている」ニュアンス

I am trying to... は、**達成できるかどうかはわからないけれど、やってみようとしているときに使えるフレーズです。**to ＋動詞にすることで具体的に何を実践してみようとしているのかをつけ加えることができます。やりかけのことや、期日が迫っているものについて聞かれたときの返答として使えるので、覚えておくと便利です。ちなみに try は、努力はしますが、結果はわかりません。類似ワードとしては attempt（試みる）があります。こちらはよりフォーマルな表現をしたい時に使います。

使える！フレーズ

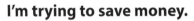

I am trying to talk to him.
彼と話そうと思ってます。

一生懸命に、熱心に

I am trying to study hard.
一生懸命勉強しようと思っています。

I'm trying to save money.
節約しようと思っています。

「～を減らす」という意味の句動詞

I'm trying to cut down on sweets.
甘いものを控えようと思っています。

make it

成功する / やり遂げる

Do you think we can make it?

私たちは間に合うと思いますか？

▸ 場面にあわせて日本語訳が変わる表現

make it は非常にいろいろな場面で使われる表現です。**日本語では「成功する、達成する（どこかへ）到着する、行く、間に合う、生還する」などの意味です。**

make it は場面により日本語訳が異なるので、一つの日本語訳で覚えるのではなく、状況とリンクさせてマスターしましょう。それほど多くの使われ方をしているのが、make it なんです。make it もネイティブが日常的に使うフレーザルバーブの一つです。

使える！フレーズ

Sorry, I can't make it tonight.
ごめんなさい、今日は行けません。

Can you make it to my birthday party?
私の誕生日会に来てくれる？

I made it to the train. make itの最初の使い方としておすすめ
電車に間に合いました。

A : How was the marathon?
B : I was slow but I made it.
A：マラソンはどうでした？
B：遅かったけど完走しました。

017

See you...

また ... 会いましょう。

See you around.

また会おうね。

別れ際の定番英語フレーズ

別れ際のあいさつとして定番のフレーズに See you がありますが、これはGood byeの口語表現です。See youの後ろに言葉を加えることで、少し変化をつけることができます。See you later.（じゃあまた）に対しては、Yeah, I' ll see you tomorrow.（ああ、明日会おう）のように返答することができます。また、さらにくだけた言い方になりますが、Catch you later.（またね）もよく使われます。Good bye → See you → Catch you later の順番で、どんどんくだけた表現になります。もちろん See you. だけでも使えますので、ぜひトライしてみてくださいね。

使える！フレーズ

See you then.
じゃあ、そのときに会おう。

See you soon. 口語としてはCatch you later.もよく使う表現
じゃ、また後で会おう。

See you tomorrow.
また明日。

See you later on.
また後ほど。 具体的に会うのが決まっているときに。一般的な別れ際のあいさつにはSee you later.

018

It seems...

…のようですね。

It seems like this phone is broken.

この電話は壊れているようです。

▶ 正確な答えではないかもしれないものに使える

日本語でもよく使われるあいまいな表現に、「〜らしい」という言い方があります。100％の確証がなく、本当は違っているかもしれない。そんなことを話すとき、seem を使うと、**憶測や可能性を含めた推定的表現を伝えることができます**。日常的な噂や話題について話すときにも使います。seem と同様に「〜のようだ」を表す look との違いは、seem が自分の感覚で言っているのに対し、look は実際に目で見て思ったことを言っています。例えば誰かが泣いているのを見て「悲しそう」と思うような場合です。

使える！フレーズ

It seems that it will rain tomorrow.
明日は雨のようですね。

It seems that she likes him.
彼女は彼が好きみたいだね。

It seems like you know everything.
あなたはなんでも知っているようですね。

It seems that he is very busy.
彼はとても忙しいようですね。

019

I used to...

前は ... だった。

I used to believe in Santa Claus.

昔はサンタクロースを信じていた。

「今はもうしていない」というニュアンスが含まれる

「前にしていた」という事実に加えて、「今はもうしていない」「今は状況が変わった」というニュアンスが含まれます。
現在と対照的な過去を表現する際によく使われる表現です。「昔は〜だった」けど、「今は〜していない」という補足訳的なものが隠れているというわけです。used to + 動詞の原形というルールです。また、混乱しがちな be used to は、to が前置詞なので後ろには、動詞+ ing が続くことに注意してください。

使える！ フレーズ

I used to run every morning.
以前は毎朝走っていました。

I used to go out drinking a lot.
（go out：出かける）
昔はよく飲みに行ってました。

I used to like him, but now I don't.
前は彼のことが好きだったけど、今は違います。

I used to oversleep when I was a child.
子どものころはよく寝坊しました。

I'm used to...

... することには慣れています。

I'm used to working early morning.

早朝の仕事には慣れています。

▸ I'm used toのtoは前置詞

I'm used to の used は「慣れている」という意味で、to は前置詞です。ですから、後ろに動詞が続く場合は動名詞（動詞＋ ing）になります。**I'm used to wake up early. では意味不明になります。動詞を原形のまま使わないようにしましょう。**また get used to（慣れてきている）という使い方も可能です。この場合も後ろは、動詞＋ ing が続きます。I got used to waking up early.（早起きには慣れた）のように使うことができます。

使える！フレーズ

I'm used to living alone.
一人暮らしには慣れています。

一人暮らし。他にはliving on my ownも。こちらは、自活しているニュアンス

I'm used to taking the bus.
バスには慣れています。

take a bus=バスに乗る

I'm used to his habits.
彼の癖にも慣れています。

I'm used to drinking coffee.
コーヒーを飲むのも慣れています。

You must be...

... に違いない。

You must be tired.

疲れたでしょう。

「間違いない！」と確信している状態のmust

中学校で習う、助動詞の must + 動詞の原形（〜しなければならない）とは意味が違います。must be + 形容詞、または must +動詞で「〜に違いない」となり、自分としては「間違いない！」と確信している状態です。**日本語でもよくある「絶対〜だよね」というニュアンスでも使用できます。**ちなみに must は名詞として使う場合もあり、その場合は「必要なもの」という意味になります。日本語にもなっている「マスト」と同じで、A car is a must.（車は絶対必要だよね）のように使います。

使える！フレーズ

You must be really busy these days.
最近は本当にお忙しいのでしょう。

You must be so excited!
すごく楽しみでしょうね！

You must be his friend, Andy.
あなたが彼の友だちのアンディですね。

You must be so proud of your son.
自慢の息子さんでしょうね。 〜を誇りに思う

I'm afraid...

残念ながら ... です。

I'm afraid I can't.

残念ながら、できません。

▶ 相手にとって不都合なことを、ていねいに伝える

I'm afraid の意味は、後に続くものや文脈によって、少し異なります。I'm afraid of... は、「～を恐れる」という意味で使われますが、ここで紹介する **I'm afraid (that) は相手にとっては不都合なことを、礼儀正しくていねいに伝えるときによく使われます。**接続詞の that は省略されることも多いです。unfortunately（残念ですが）のていねいな言い方が I'm afraid なので、unfortunately を使った表現に言いかえることも可能です。

使える！フレーズ

I'm afraid that I can't attend the meeting.

残念ですが、出席できません。　　ミーティングに参加する

I'm afraid that I can't help you.

残念ながら、お力になれません。

I'm afraid you are wrong.

残念ですが、間違っていますよ。

I'm afraid she will not come.

残念ですが、彼女は来ないですよ。

🔊 023

I'm sure...
きっと … です。

I’m sure you will pass the exam.

きっと試験に合格しますよ。

▶ I thinkよりも確信している気持ちを伝える

I’m sure は文頭に使われます。I think よりも確信している気持ちを伝えることができ、**カジュアルな会話からフォーマルな会話まで使用することができます。**
I’m not sure… と否定形の形にすると「〜については確信がない」という意味になります。sure は（確信している）という意味の形容動詞で、他にも I feel sure のような使い方も可能ですが、話し言葉ではなく、書き言葉として使われます。

使える！フレーズ

I’m sure she can do it. make itを使ってもOK
彼女ならきっとできるはずだ。

I’m sure she’ll be glad to hear that.
きっと彼女も喜んでくれるでしょう。

I'm sure it's okay.
きっと大丈夫ですよ。

強調の意味で使います
I’m pretty sure she will love this present.
きっと彼女はプレゼントを気に入ってくれますよ。

🔊 024

Have a nice...

よい … を。

Have a nice trip.

よい旅を。

▸ 場面に応じて使い分ける、別れ際のあいさつ

Have a nice day. は「よい一日を！」という意味の英語表現です。会話の終わりや、別れ際のあいさつとして使われます。

例えば店員が客に対して Have a nice day. と最後に言ったりします。have a nice... の後ろを変えることでいろいろな場面で使うことができます。返答としては You, too.（あなたもね）と言うのが一般的です。

have は非常にたくさんの場面で使われる単語の一つです。この場合は動詞ですが、have+ 過去分詞のように助動詞として使われることもあります。

使える！ フレーズ

Have a nice day.

よい一日を。　場面に合わせて言いかえ可能

Have a nice weekend.

よい週末を。

Have a good time.

楽しんできてね。

Have a nice vacation.

休暇を楽しんでね。

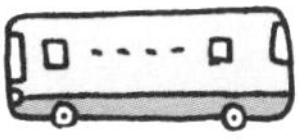

025

It's time to...

... の時間です。

It's time to eat lunch.

昼食の時間です。

▶ to＋動詞で「今から～する時間」を表現する

It's time to...（～の時間です）で後ろの動詞が何をする時間なのかを表現します。行動やこれから起こる何かに対して、時間を特定するイメージです。また、Is it time to go home yet?（もう帰る時間なの？）のように疑問文にすることもできます。また It's about time（そろそろ時間です）、It's high time（とっくにいい時間です）など、間に単語をはさむことで、ニュアンスを詳しく説明することもできます。慣れてきたら time（時間）を他の名詞に変えてアレンジしてもいいですね。

使える！フレーズ

It's time to go to bed.

そろそろ寝る時間です。　go to bed：ベッドに入る。寝る

It's time to study.

勉強の時間です。

It's time to go.

そろそろ行かないと。

It's about time you quit smoking.　quit：やめる

そろそろタバコをやめませんか。

As ...
... として

As his mother, I just want to say thank you.

彼の母親として、ただありがとうと言わせてください。

▶ asのコアイメージは「イコール」

この場合のasは前置詞です。**As ... の後ろに名詞を置くことで「〜として」という意味で使うことができます。**
何か、または誰かのことを説明する時に、asをこのページのように使います。中学校で勉強したas ...as は副詞のasです。I can't run as fast as you.（あなたほど早く走ることはできない）のように、何かを比較する時に使われます。

使える！フレーズ

As a husband and father, that has been an issue.
夫として父として、それは問題なんです。

As an American, this movie is strange to me.
アメリカ人として、この映画は不思議な感じがします。

〜だとみなす
We regarded him as a good boss.
私たちは彼を良い上司だとみなした。

As his teacher, I can't let him go there.
担任として彼を行かせるわけにはいきません。

027

I feel like ...ing

... したい気分

I feel like eating pizza.

ピザが食べたい気分です。

▶ 希望や意見を伝えることができるI feel like＋ing

I feel like...ing は、「〜したい気分」という意味で、**希望を相手に伝えるときによく使われる表現です。**

似ている表現として「feel like ＋主語＋動詞」がありますが、こちらの意味は「〜のように感じる」でまったく違う意味になります。I feel like I' m getting a cold.（風邪をひきそうな気がする）のように使います。

feel like...ing はカジュアルで口語的な表現です。フォーマルではないので注意が必要です。友だちとの会話で使う表現として覚えておきましょう。

使える！フレーズ

I feel like playing tennis today.

今日はテニスをしたい気分です。

I don't feel like doing anything today.

今日は何もする気にならない。

I feel like taking a nap.

昼寝をしたい気分です。　昼寝する

I feel like going for a walk in the park.

公園を散歩したい気分です。　散歩に行く

028

Whatever...

... なんでも

Whatever happens, you’ll be OK.

どんなことが起きても、大丈夫だよ。

▸ anythingやeverythingと似ていて、置き換えも可能

「Whatever ＋ 主語 ＋ 動詞」で名詞節を作ります。「なんでも」という訳にあたる場合は、Whatever happens, you’ll be OK. ＝ Everything happens, you’ll be OK.（どんなことが起きても大丈夫だよ）のようにanything や everything と置き換えることができます。日常会話でもよく登場する便利な表現です。ぐっとくだけた表現ですが whatever だけでも、「なんでもいい」という意味で使うことができます。

使える！フレーズ

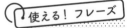

Whatever you do, I’ll always be here for you.

何をするにしても、私はいつもあなたの味方です。

「絶対に～しない」という強い意思

Whatever you say, I won't change my mind.

あなたが何を言っても、私の考えは変わりません。

Whatever it takes, I'll fight.

どんなことがあっても、私は立ち向かいます。

You can do whatever you want to.

なんでもやりたいことをやればいい。

I'm not sure...

... なのかわかりません。

I'm not sure what you mean.

意味がよくわからないのですが。

▶「確信が持てない」「確かではない」というニュアンス

sure は形容詞で、「確信がある」という意味です。ですから、I'm not sure. は直訳すると「私は確信が持てません」という意味になります。**似た表現の I don't know ほど強くない表現なので、日本人にとっては使いやすい表現ではないでしょうか。**
また、おもにアメリカンイングリッシュとしてですが、sure は Do you want to come with us?（一緒にくる？）Sure.（もちろん行くよ）のように、certainly と同じ意味で使う場合もあります。

使える！フレーズ

I'm not sure you remember me.
私のこと覚えているかしら。

I'm not sure if he loves me.
彼が私を愛しているかどうかわからない。

ここでのmake itは「都合がつく」という意味

I'm not sure if I can make it to the party.
パーティーにいけるかどうかわかりません。

I'm not sure where I put my keys.
鍵をどこに置いたのかわかりません。

I'm good at...

... が得意です。

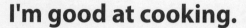

I'm good at cooking.

料理が得意です。

▶ 得意なこと・上手なものを表現するときに使う

一般的な経験によって身につけた、得意なものを表現するときの表現です。ですから、例えば会社の面接などで自分のスキルをアピールするときには、この表現は適切ではありません。

スキルをアピールする場合は、日常ではあまり使いませんが、I'm skilled at... などの表現を使います。

また「得意ではない」と言いたい時は、not good at もしくは no good at で表現することができます。

使える！フレーズ

I'm good at playing tennis.

テニスは得意なんです。 動詞+ingにすること

no good atでもOK

I'm not good at English.

英語は得意ではないんです。

I'm good at solving puzzles.

パズルを解くのが得意です。

I'm good at making you smile.

あなたを笑顔にするのが得意です。

031

don't have to...

... しなくてもいい。

You don't have to read this book.

この本は読まなくてもいいです。

▶ 「してもいいけど、しなくてもいいよ」という意味

have to... は助動詞で、「～しなくてはならない」という意味です。後ろに動詞の原形がつきます。よく比較される must は強制力がある、ルールや義務のようなことについて使用されます。一方、have to は、特に強制力のないものに対して使うということをおさえましょう。
また、have got to は主にイギリスで使う口語的な言い方で、意味は have to と同じです。

使える！ フレーズ

I don't have to make lunch.
昼食を作らなくていいです。

You don't have to wait on me.
待たないでいいんだよ。

We don't have to rush.
急ぐ必要はないでしょう。

You don't have to apologize.
謝る必要はありません。

032

You'd better...

... したほうがいいよ。

You'd better watch out.

気をつけたほうがいいよ。

▸ アドバイスをするときによく使われる表現

You'd better は You had better の省略形で、スピーキングでは基本的にこのように省略されます。強めのニュアンスの表現なので、**親しい人にカジュアルなアドバイスをする場合に使います。**

フォーマルな表現としては、おなじみの should を使って You should ask someone.（誰かに聞いたほうがいいでしょう）と言いかえることができます。また、probably を加えることで、You should probably ask someone.（誰かに聞いたほうがいいかもしれない）とさらにソフトな表現にすることもできます。

使える！フレーズ

You'd better not cry.

泣かないほうがいい。

You'd better ask someone.

誰かに聞いたほうがいい。

umbrellaの発音が母音だからan

You'd better bring an umbrella.

傘を持って行ったほうがいいよ。

You'd better not forget our promise.

約束を忘れないほうがいいよ。

If...

もし…だったら

If you need any help, just let me know.

もしお手伝いが必要なら、言ってくださいね。

▶ 基本的には「もし〜なら」という条件を示す

if と聞くと中学校や高校で学んだ仮定法を思い浮かべる人が多いかもしれません。実は if には直接法と仮定法の2種類があり、時制を使いこなす必要があります。

直接法…**実際に現実に起こりうることを表現する。**

仮定法…**現実とは違うこと、実現不可能なことなどを表現する。**

日常会話で使うのは直接法が多いので、まずはこの言い方をマスターし、慣れたら仮定法にチャレンジしましょう。

使える！フレーズ

If I have time, I'll finish that. 前の会話の内容を表すthat

もし時間があれば、それを終わらせます。

If he calls me, I should go.

もし彼が私を呼んだら、私は行くべきでしょう。

If I see her, I'll tell her you said hello.

もし彼女に会ったら、よろしく伝えておきます。 hiという場合もあります

I will get wet if it rains.

もし雨が降ったら濡れてしまうでしょう。

034

Can I...?

… してもいいですか？

Can I call you later?

後で電話してもいいですか？

▶ May I …？よりもフランクな表現

May I … ？と同じく、相手に対して「〜していいですか？」と許可を求めるときに使います。Can I … ？は May I … ？よりもフランクな表現なので、**初対面の相手や目上の人には May I … ？を使うほうが無難です**。Can I …? はとても便利な表現で、単語が思い出せなくても指差しでCan I ?（使っていい？ 借りていい？）などと聞くことができます。また、否定形の can not を短縮した can't は「禁止する、やってはいけない」という意味で、You can't park there.（そこは駐車禁止です）のように使うことができます。

使える！フレーズ

Can I ask you a favor?

お願いがあるんですが？　おもにアメリカで使われます

Can I use your bathroom?

トイレをお借りしてもいいですか？

Can I join you at your table?

一緒のテーブルに座ってもいいですか？

Can I ask you a question?

質問してもいいですか？

What time...?

何時に ... しますか？

What time do you usually have lunch?

いつも何時に昼食をとりますか？

▶ 使いこなせば、いろいろな時間を聞くことができる

中学校で丸暗記した What time is it?（何時ですか？）は知っている人が多いでしょう。**What time... の後ろを変えることで、電車や待ち合わせなどのいろいろな時間をたずねることができます。**

また、少していねいな言い方として Do you know what time it is?（何時かわかりますか？）のように質問することもできます。その場合 it と is の順番が変わるので注意しましょう。

スピーキングでは「何時ですか？」を What's the time? ということもあります。

使える！ フレーズ

What time do you go to bed?

寝る時間は何時ですか？　「寝る」という意味

What time is it in Tokyo now?

今、東京は何時ですか？

What time does the restaurant close?

レストランは何時までやっていますか？

What time does the movie start?

映画は何時にはじまりますか？

036

How do you like...?

... どう思いますか？

How do you like my car?

私の車どう思う？

▸ Do you like ...?よりも軽めの「どう思う？」

How do you like ...? には Do you like ...? に How（どのように）がついています。Do you like ...? で聞くと、答えは Yes/No ですが How do you like ...? だと、理由も含めて答えてもらうことができます。「どう？」「どう思う？」**といった具合に、感想や意見を求めるときによく使われるフレーズです**。また、食べ物に関しての質問で使う場合もあります。How do you like coffee?（どんなふうにするのが好みですか？）この場合は、Milk and one sugar, please.（ミルクと砂糖をお願いします）のように答えます。

使える！フレーズ

How do you like sports?

スポーツについてはどう思う？

How do you like the weather in your hometown?

ふるさとの気候はどう思う？

今まで。これまでのところ

How do you like your new job so far?

これまでのところ、新しい仕事はどうですか？

How do you like the dress I'm wearing?

私のドレス、どう思いますか？

Do you want to …?

… しませんか？

Do you want to meet me next Sunday?

今度の日曜日に会いませんか？

「～したい？」ではなく、依頼や誘いのときに使う

Can you …?（～してくれませんか？）と同じニュアンスで、お願いや誘う場合に使うカジュアルな表現です。want を使っているからといって（したいの？）という日本語にはなりません。ですから Do you want to give me a hand? と言われたときに「上から目線 !?」と驚かないようにしてください。

ちなみに want は「ほしいもの」という意味の名詞として使われる時もあります。

使える！ フレーズ

Do you want to come with me to the cinema?

一緒に映画に行かない？

Do you want to walk with me?

一緒に散歩しない？

ここでのgrabは、飲むという意味

Do you want to grab a cup of coffee?

コーヒーでも飲みに行きませんか？

Do you want to go out on a date with me?

私とデートしませんか？

デート に行く。go outだけでも
「デートする」「つきあう」の意味があります

038

Do you have...?

... はありますか？

Do you have a minute to talk?

ちょっと話をする時間はありますか？

▸ 海外旅行で必ず使うDo you have...？

中学英語で学習したhaveのコアイメージは、自分の所有している範囲内に「ある」状態でした。「ある」ものは**物質的な物とは限らず、時間、機会や経験、考えなども所有するものに入ります。**

お店で何か探しているものがあるときにDo you have... ？と聞くのは定番です。

また特にイギリスでよく耳にするhave gotもI've got a suggestion.（提案があります）のように同じ意味として使われてます。

使える！フレーズ

Do you have any questions?

何か質問はありますか？

Do you have any siblings?

きょうだいはいますか？　brothersやsistersでも意味は同じです

Do you have a pen I can borrow?

借りられるペンはありますか？

Do you have feelings for me?

私に対して特別な気持ちがありますか？

What is it like...?

... はどうですか？

What is it like living in Japan?

日本での生活はどうですか？

▶ 相手に「どんな感じ？」と感想をたずねるときに使う

会話のときには What's と短縮することも多く、その場合 What is / What was どちらの短縮としても使うことができます。**すでに起こったことに対しての感想を聞く場合は「どんな感じだったの？」といった意味になります。**

What is he like?（彼はどんな感じの人？）」のように、人に対しても使うことができます。

ちなみに is を does にすると、What does he like?（彼は何が好きなの？）とまったく違う意味になるのでご注意ください。

使える！フレーズ

What's it like not having a smart phone?
スマートフォンを持っていないのはどうですか？

What's it like in India?
インドはどんな感じですか？

What is it like to be in love?
愛とはどんな感じですか？　愛している状態

What is it like to have a pet?
ペットを飼うのはどんな感じですか？

040

How did you...?

どうやって ... したの？

How did you do that?

どうやったんですか？

▸ 方法をたずねるHow do you ...?の過去形

後ろにつながる動詞を変えることで、さまざまな場面で「どんなふうに？」と方法についてたずねることができます。

また How did you...? と過去形にすることで、相手の行為をほめることもできます。

最初に How と言ってしまえば会話の相手もその後の内容が予測できるので、どんどん使いたい表現です。

このページの場合は you が主語になっていますが、他のものに変えて、How does this machine work?（このマシンはどう動くの？）のように使うこともできます。

使える！フレーズ

How did you get my number?

どうやって私の番号を知ったの？

How did you get here?

どうやってここに来たんですか？　思いつく。頭に浮かぶ

How did you come up with that idea?

どうやってそのアイデアを思いついたんですか？

ここでのmeetは「知り合いになる」

How did you meet your best friend?

あなたの親友とはどうやって知り合ったんですか？

041

Are you ready...?

準備はできてますか？

Are you ready for this?

心の準備はできてますか？

▶ 準備ができていればYes、まだならNo

Are you ready... の Are you は省略されることもあります。その場合は Ready for ...? と聞き、**語尾は必ず上がります**。Ready for school? などと言います。I am ready... もよく使う表現なので、セットで覚えておくといいでしょう。ready の後ろは to+ 動詞の原形、for + 名詞が続きます。

ready に似ている言葉としては prepared（形容詞）があります。

I wasn't prepared.（準備ができていなかった）のように使うことができます。

使える！フレーズ

Are you ready to order?

ご注文はお決まりですか？　この場合はto＋動詞になっています

Are you ready for bed?

寝る準備はできた？

Are you ready for the test?

テストの準備は万全ですか？　for＋名詞です

Are you ready to go shopping?

買い物に行く準備はできていますか？

042

How come...?

どうして ... ですか？

How come you think so?

どうしてそう思うんですか？

▶「なんでなの？」というフレンドリーなニュアンス

Why で質問をするときは、「理由」や「目的」を知りたいときですが、**How come は同じ「どうして？」でも口語的でフレンドリーなニュアンスがあるイディオムです。**そのため、フォーマルな場所でいきなり How come を使うのは避けたほうがいいでしょう。

また、How come の後は疑問詞などがつかないノーマルな語順になるのも特徴です。

How come you think so?（どうしてそう思うんですか？）は Why を使うと、Why do you think so? となります。

使える！フレーズ

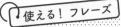

How come you don't call me?

どうして電話をくれないの？

「汗をかく」の意味

How come I sweat so much?

どうしてこんなに汗をかくんだろう？

How come you're late again?

どうしてまた遅れたんですか？

How come you didn't tell me about the party?

どうしてパーティーのことを教えてくれなかったの？

Can you...?
...してくれませんか？

Can you tell me what I should do next?

次に何をすればいいのか、教えてもらえますか？

▶「～してくれる？」と何か依頼するときの表現

Can は「～ができる」と中学の英語で習いましたが、日常会話では Can you ... ？で「**～してくれますか？」のように、何かを依頼する際に使う表現です**。また Can you ... ではなく、Can I ... ？という表現になると「～してもいいですか」とたずねる言い方になります。
またまったく同じスペルで Can ＝缶という名詞として使われることもあります。イギリスでは Can ではなく Tin とも言います。

使える！フレーズ

Can you show me your passport?
パスポートを見せてもらえますか？

時間通りに

Can you make it on time?
時間に間に合わせてもらえますか？

Can you pass me the salt, please?
塩をとってくれますか？

Can you lend me a pen for a moment?
ちょっとペンをかしてくれませんか？　ちょっとの間

044

What do you think of ...?

... をどう思いますか？

What did you think of that movie?

あの映画をどう思いますか？

▸ 相手に意見を聞くときに使う

意見を聞くときに、日本語訳の「どう」から考えると How do you think of ...? と言ってしまいがちですが、実は英語としてはちょっと不自然なニュアンスとなります。**誰かに意見を聞くときは What do you think of ... ？のほうが自然です。What do you think of... ？（～をどう思いますか？）と何度も使って覚えてしまいましょう。**

使える！フレーズ

What do you think of me?
私のことをどう思う？

What do you think of my new haircut?
新しい髪型はどうかな？

What do you think of the latest episode of that TV show?
あのテレビ番組の最新エピソード、どう思う？

What do you think of him as a potential partner?
「将来」のという意味
彼を将来のパートナーとして考えるとどう思う？

Should I...?

... したほうがいいですか？

Should I stay?

ここに残ったほうがいいですか？

相手にアドバイスを求めるときに使える

Should I ...?（～したほうがいい？）と疑問文にすることで、相手にアドバイスを求めることができます。What should I do...?（何をしようかな～？）とひとりごととして使うこともできます。

また、もう少していねいな言い方として、Do you think I should stay?（残ったほうがいいと思いますか？）のように聞くこともできます。間接疑問文といわれる疑問文で、質問を直接聞くのではなく、間接的にすることでていねいになります。こういった感覚は日本語も同じですね。ていねいにしたいなら間接的にがポイントです。

使える！フレーズ

Should I go to the gym every day?

毎日ジムに通ったほうがいいのでしょうか？

Should I do it? Yes, you should.のように答える

やったほうがいい？

Should I call and confirm our reservation?

電話して予約を確認したほうがいいですか？

Should I apologize for what I said?

言ったことについて謝罪をするべきですか？

046

Do you know how to...?

どのように ... するか知ってますか？

Do you know how to get there?

行き方を知っていますか？

▶ 方法・やり方など、知らないことをたずねる表現

自分が知らないことや、情報を相手に聞きたいときには Do you know を使います。単語も文法も中学校で習ったので覚えている人も多いと思います。日常的に使える便利表現です。
現在形の Do ではなく Did と過去形にし Did you know にすると、自分がすでに知っている知識を相手に伝えるニュアンスに変化します。
また、Do you know about computers?（コンピュータに詳しいですか？）、Do you know any French?（フランス語を話せますか？）のように、違ったニュアンスで使う場合もあります。

使える！フレーズ

Do you know how to use them?
使い方を知っていますか？

Do you know how to bake a cake?
ケーキの焼き方を知っていますか？

Do you know how to fix a bike?
自転車の修理の仕方を知ってますか？

Do you know how to read this word?
この文字の読み方を知ってますか？

047

Have you ever...?

... したことはありますか？

Have you ever been abroad?

海外に行ったことはありますか？

▶ 現在までの「経験」の有無について聞く

「したことがあるかどうか」という、経験の有無を聞くときの表現です。ever は主に疑問文で使われ、「今までに」という意味を表します。been は be の過去分詞です。「行ったことがありますか？」という「経験」について聞くときは go ではなく be を使うことに注意してください。助動詞として Have を使う時は、疑問文、否定文ともに同じ助動詞の Do と一緒には使いません。

使える！フレーズ

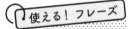

Have you ever seen her dance?

彼女のダンスを見たことがありますか？

Have you ever eaten Sushi?

お寿司を食べたことがありますか？

Have you ever met a famous person?

有名人に会ったことはありますか？　celebrityでもOK

Have you ever skydived?

スカイダイビングをしたことはありますか？

048

How was...?

... はどうだった？

How was your day?

今日はどうだった？

▸ 評価や意見を聞くときの便利な表現

今より前にあったことや、何かに対しての評価や意見を聞くときに使われる表現です。**会話の流れとして How was... ？の ... が何を指すのかが明確な場合は、代名詞 it で表現することが多いです。**
また会話では直近の出来事について聞くことが多い印象です。
直接的な質問だけでなく、Do you know how her birthday was?（彼女の誕生日はどうだったんだろう？）と間接的な質問にすることもできます。その場合は語順が変わるので注意しましょう。

使える！フレーズ

How was your holiday?
休暇はいかがでしたか？

How was the party?
パーティーはいかがでしたか？

How was the movie you watched last night?
昨日見た映画はどうでしたか？

How was your vacation in Kyoto?
京都での休暇はどうでしたか？

049

How about...?

... はどう？

How about your thoughts?

みなさんの感想はいかがでしょうか。

▶ 提案するときや誘うときに使える

「～はどうですか？」と相手に提案したり、何かを一緒にしようと誘ったりするときに使われるイディオムです。自分の考えを押しつけるのではなく、**相手はどう思っているのか聞きたいニュアンスを表現できます。**

また、You don' t eat meat, do you?（お肉は嫌いなんだね？）How about fish?（じゃあ魚はどうかな？）のように違う提案をする時に使うこともあります。

How はいろんな場面で、いろんな使い方ができる単語です。

使える！フレーズ

How about you? How are you?の返しとして使えます

あなたはどうですか？

How about his lifestyle?

彼のライフスタイルはどうですか？

How about having pizza for dinner?

夕食にピザはどうですか？

How about taking a vacation next month?

来月休みをとるのはどうですか？

Where can I...?

どこで ... できますか？

Where can I buy stamps?

切手はどこで買えますか？

▸ Where can I ...？で「どこで～できますか？」を表す

前出の Can I ... ？に Where がつくことで、「どこで～できますか？」という意味になります。日常会話でも使用頻度の高い、かんたんで便利な表現です。また、ていねいに聞くときは Do you know where I can buy stamps?（どこで切手を買えるか知ってますか？）」のように表現できます。この場合は、語順が入れ替わるので注意してください。また Where を When や Which に変えて違う文を作ることもできます。海外旅行で必須の表現ですので、自分で使えそうなフレーズを作って繰り返し練習してみてください。

使える！フレーズ

Where can I use Apple pay?

Apple pay はどこで使えますか？

Where can I play football near me?

近くでサッカーができるのはどこですか？

Where can I find the nearest ATM?

最寄りの ATM はどこにありますか？

Where can I get a taxi around here?

この辺でタクシーはどこでつかまりますか？　このあたり

🔊 051

How many...?

いくつの … ですか？

How many rooms are there in your house?

あなたの家には何部屋ありますか？

▶ How many...？＋数を聞きたい名詞の複数形

How many...? は、数をたずねるときに使う疑問文の一つです。How many...? の後ろには、数を聞きたい名詞の複数形がきます。答えるときは、必ず具体的な数字になります。水や空気などの**数で答えられない質問の場合は How many ～？は使いません**。数えられないものは How much... ？（どのくらい？）」を使って How much water do you want ？（どのくらいの水が欲しいですか？）のように表現できます。

使える！フレーズ

How many days will you stay there?

何日間滞在されますか？

How many times did you go?

何度行ったことがありますか？

この単語一つで兄弟姉妹のすべてを表せます

How many siblings do you have?

きょうだいは何人ですか？

How many hours of sleep do you usually get?

夜はいつも何時間寝ていますか？

052

Is it OK if...?

... してもいい？

Is it OK if I call you?

電話してもいいですか？

▸ 許可を求めるときのカジュアルな表現

it は後ろにくる if I call you を指しています。似た表現として Can I ...? も「〜してもいいですか？」という意味で使うことができます。こちらは Is it OK if...? よりも直接的で、さらにカジュアルな表現となります。

相手の許可を取りたいときは Is it OK if...? のほうがていねいなニュアンスが伝わります。「もし〜なら、それは OK ですか？」が直訳で「〜してもいいですか？」という意味になります。

使える！フレーズ

Is it Okay if I smoke here?

タバコを吸ってもいいですか？

lend=貸す。混乱しないように注意

Is it OK if I borrow your phone?

電話を借りてもいいですか？

Is it OK if I borrow your pen for a moment?

ちょっとだけあなたのペンを借りてもいいですか？

Is it OK if I turn off the air conditioner?

エアコンを消してもいいですか？

053

When can I...?

いつ … できますか？

When can I see you again?

次はいつ会えますか？

▶「いつ～できますか？」と相手に聞くときに使う

日付や曜日を聞く When に Can I … ？が組み合わさることにより、「いつ～できますか？」という疑問文になります。

この言い方は直接的な質問ですが、Can you tell me when I can see you again?（次はいつ会えるか教えてくれませんか？）のように、もっとていねいな表現もあります。

また when は Nobody spoke when she came into the room.（彼女が部屋に入った時、みな無言だった）のように接続詞として使う場合もあります。

使える！ フレーズ

When can I go to Japan?

日本にはいつ行けますか？

When can I go outside?

いつ外に出られますか？

～を期待する、予期する

When can I expect your answer?

いつ返事をもらえますか？

When can I leave home?

いつ独り立ちできますか？ ここでのleave homeは「自立する」

054

How can I...?

どうしたら ... できますか？

How can I sleep better?

どうしたらよく眠れますか？

▶「どうしたら～？」と方法を相手にたずねる

How と Can I ... ？を組み合わせることで、さまざまな場面で方法を聞くことができます。またお店で店員から How can I help you? と言われることもあります。何か探しているものなどがあれば、気軽に聞いてみましょう。日本語だと「いらっしゃいませ」と訳されることが多い言葉です。

ちなみに日常会話でよく使う better は、good または well の比較級です。最上級は日本語でも同じベスト（一番）として知られている best です。

使える！フレーズ

How can I contact him?

どうしたら彼に連絡できますか？

lose weight=痩せる

How can I lose weight fast?

どうしたら早く痩せられますか？

How can I get there?

どうやって行けばいいですか？

ここではput itで表現するという意味

How can I put it?

どうやって表現すればいいですか？

055

Do I have to...?

…しないといけませんか？

Do I have to see a doctor?

医者に診てもらわなければいけませんか？

▶ have to＝「～しなければならない」

have to は「～しなければならない」という義務的なニュアンスで、かつルールのような強制力がないことがらに対して使います。
よく似た表現に have got to があります。こちらは主にイギリスで使われるぐっと口語的な表現で、I've got to run. など、1回限りのできごとについて使われます。
また、否定形は We don't have to pay for the food.（食費は払わなくていいです）、have got to の場合は、We haven't got to pay for the food.（食費は払わなくていいです）となります。

使える！フレーズ

Do I have to go to college?
大学に行かなければならないのですか？

Do I have to answer that question?
その質問に答えないといけませんか？

Do I have to carry my ID card?
身分証明書を所持していないといけませんか？

書き込む、記入する

Do I have to fill out the form?
フォームに記入しないといけませんか？

Don't you think...?

…だと思いませんか？

Don’t you think so?

そう思いませんか？

▸「そう思いませんか？＝そう思うでしょ？」と伝える

not をつけることによって「そう思いませんか？＝そう思うでしょ？」と相手に同意を求めるニュアンスが含まれます。

ちなみに、答え方には注意が必要です。**その内容を肯定する場合は、Yes, I do.（そう思う）、否定する場合は、No, I don’t.（そうは思わない）となります。**

また、Why did she not phone and tell us?（どうして彼女は電話で言わなかったんだろう？）のように、n’ t の代わりに not を使って、フォーマルにすることもできます。この場合は主語の後に not を置くことでフォーマルになります。

使える！フレーズ

Don’t you think it is good?
おいしいと思いませんか？

Don't you think he looks tired?
彼が疲れているように見えませんか？

Don't you think we should tell him?
彼に言うべきだと思いませんか？

Don't you think these letters will be nice gifts?
この手紙は素敵なプレゼントになると思いませんか？

057

Make sure...

必ず … してください。

Make sure to check.

必ず確認してください。

▶ 念押しするときに使う定番の表現

相手に対してミスをしないように、また何かを忘れないようになど、**特に注意を払ってほしいと念押しするときの表現です。**
何かをリマインドをするときにも make sure を使い、確実にそれをするように念を押すことができます。
make sure というイディオムですが、make は他にもたくさんの句動詞があります。
make it（成功する）make up（埋め合わせする）make sense（納得する）、これらはほんの一例です。

使える！フレーズ

Make sure to use it.
必ず使ってください。

Make sure to keep a distance.
必ず距離をあけてください。 すっかりなじみの表現ですね

Make sure to lock the door before you leave the house.
出かける前に必ず鍵をかけてください。

Make sure to bring your ID card to the meeting.
会議には必ず ID カードを持ってきてください。

058

I'm planning to...

…しようと思っています。

I'm planning to go on a trip.

旅行に行こうと思っています。

▶ 不確定な状況の「〜するつもり」を表す

I will や I am going to が100% 実行する心づもりの表現なのに対して、**I am planning to ＋動詞の原形は不確定な状況ながらも「〜するつもり」と表現する際に使います。**詳しいニュアンスを考えながら使うのは難しいので、何度も口にして覚えるのが一番です。

また、plan も planning も名詞として使われる場合があります。2つの違いは、plan が「計画」であるのに対し、planning は現在進行中のプロセスという意味です。

個人的な感想ですが、非常によく使うので、便利な型だと思います。

使える！ フレーズ

I'm planning to visit you.

お邪魔しようと思ってます。

I'm planning to go to a party tonight.

今夜はパーティーに行く予定です。

I'm planning to go grocery shopping after work.

仕事帰りにスーパーで買い物をしようと思ってます。

I'm planning to start a new exercise program.

新しいエクササイズをしようと思ってます。

059

I hear that...

... と聞きました。

I hear that you and her don't get along.

彼女とは仲が悪いと聞きました。

▶ 事実かどうかが不確実なことを話すときに使う

hear のコアイメージは、She heard a noise outside.（彼女は外で物音を聞いた）からわかるように、耳を使って音をキャッチすること、または音を意識することです。この場合の I hear that... は、うわさや評判、裏話など、事実かどうかは不確実なときに使われる表現です。日本語でも「聞いた話だけど」という言い方がありますね。**推測の域を出ない場合に使うと考えればいいでしょう。**

使える！フレーズ

I hear that you got a new job.
新しい仕事に就いたと聞きました。　get ①仕事を得る

I hear that you like jogging.
ジョギングが好きだと聞きました。

I hear that you got a promotion at work.
昇進したと聞きました。　get ②昇進する

I hear that the weather is going to be sunny.
天気はこれから回復すると聞きました。

That's what...

それが…まさにそれです。

That's what I thought.

まさにそう思っていました。

▸ リズムのよい、英語ならではの表現

会話の流れを止めることなく「それが！」、「そこに！」、「その人が！」を強調する言い方です。先に話した内容やできごとをThatで受けているのでスッキリした言い回しとなり、リズムがいいため会話ではよく使われます。That's why...（そういうわけで〜）、That's because...（それは〜だからです）もよく使う表現です。That's whatと同じように、My usual train was canceled. That's why I'm late.（いつもの電車がキャンセルされた。そういうわけで遅刻したんだ）前の文章を受け、接続するために使われます。

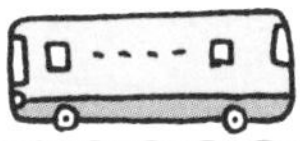

使える！フレーズ

That's what I meant.

まさに私が意図したことなんです。

まさに！強調する

That's exactly what I was looking for.

まさに私が探していたものです。

That's what I was hoping for!

まさにそれが私の望んだものです！

That's what I'm talking about!

まさにそれが私の言っていることです。

061

I didn't mean to...

...するつもりじゃなかった。

I didn't mean to rush you.

急かすつもりはなかったんだ。

▶ 間違えて、意図せずにしてしまったこと

何かしてしまった場合や誤解を招いた場合などに、「**意図的にしたわけではない**」と**言いたいときに使えます**。「そんなつもりじゃなかった」と日本語でも使いますよね。同じようにいろいろな場合に使えます。
mean には色々な使い方があります。意地悪（形容詞）という意味で Stop being so mean to me!（意地悪しないで！）のように言います。不寛容、特にお金に対して（形容詞）の場合は、He's too mean to buy her a ring.（彼は指輪を買うことを渋ってる）などです。

使える！フレーズ

I didn't mean to hurt you. 傷つける

傷つけるつもりはなかったんだ。

I didn't mean to offend you.

悪気はなかったんです。 気分を害する

I didn't mean to ignore your text.

あなたのメッセージを無視するつもりじゃなかったんです。

I didn't mean to break your mug.

あなたのカップを壊すつもりなんてありませんでした。

062

I hope...

... を願っています。

I hope it will be sunny tomorrow.

明日は晴れることを願っています。

▸ 願望が叶う可能性があるときのhope

可能性のあることに対して「期待」する表現です。そのため hope の後に続く文章は過去形ではなく、現在形か未来形になります。
hope と比較される時の wish の使い方としては現在の状況を残念に思っている、後悔しているということを表します。そのため I wish の後に続くのは過去形、または過去完了形になります、I wish that I was a bit taller.（もっと背が高ければよかったのに）つまり「現実は背が低い」ということになります。

使える！フレーズ

I hope you understand the situation.
状況を理解してもらえることを願っています。

早くよくなってね、お大事に

I hope you get well soon.
早く元気になることを願っています。

I hope you have a great day!
楽しい日になるといいですね。

I hope we can meet up soon.
近いうちに会えるといいですね。

063

I should have...

... すればよかった。

I should have known better.

もっと知っておくべきでした。

▶ 過去の後悔や批判をするときに使う

should は英語でモーダルバーブといいます。日本語だと（法助動詞）と言いますが、あまり聞き慣れない言葉ですよね。使い方としては助動詞と同様で、動詞と一緒に使うことで、補助的な役割を果たします。ここでは I should have + 過去分詞で「～すればよかった」という意味になります。ですから、現実とは反対のことを言うのです。**過去のできごとについて後悔していることを表すときに、よく使われます。**過去分詞が苦手な人も多いですが、便利な表現なので使ってみてください。

使える！フレーズ

I should have stayed at home.

家にいればよかった。　すでに日本語にもなってる「ステイアットホーム」

I should have gone there.

行っておけばよかった。　しっかり聞く時はlisten

I should have listened to your advice.

あなたのアドバイスに耳を傾けるべきでした。

I should have double-checked the address.

住所を再確認するべきでした。

064

According to...

... によると

According to the weather forecast, it will improve today.

天気予報によると、今日は天気が回復するそうです。

▸ 権威ある第三者からの引用や情報源を述べる

According to... はニュースでも頻出の表現です。**引用報道や、誰かの発言などにもとづいたニュースを発信する際に使われます。**第三者の意見などに限る表現で、自分の意見に対しては使いません。自分の意見について話す時は、in my opinion（私としては）または、in our view（私たちの見解では）などを使います。

使える！フレーズ

According to my iPhone, the movie is 90 minutes long.

iPhone によると、映画の長さは90分です。

According to this map, it's on the second floor.

この地図によると、2階にあります。

According to my friend, the restaurant has great food.

友人の話によると、そのレストランにはすばらしい料理があるようです。

According to the news, the traffic is backed up on the highway.

be backed up＝渋滞する

ニュースによれば、高速で渋滞しているようです。

I might have...

... したかもしれない。

I might have eaten something bad.

何か悪いものを食べてしまったかもしれない。

過去のできごとについての今の気持ちを表現

I might have... は「～したかもしれない」という意味です。**過去のできごとに対して、今考えて「～かもしれない」と言っている状態です。** might は may の過去形として理解しているかもしれませんが、違う使い方もあり、この場合も現在のこととして訳します。**I might have... の後にくる過去分詞の部分が、過去の行動を表していることに注意が必要です。**「過去のできごとについて振り返り、今考えていること」と理解しましょう。

使える！フレーズ

I might have taken a different route.
別の道を進んでいたかもしれません。

I might have lost my wallet.
財布をなくしたかもしれない。

I might have misunderstood you.
あなたを誤解していたかもしれない。 misunderstand＝誤解する

I might have left my keys at home.
鍵を家に置いてきたかもしれません。

066

I'd rather...

どちらかというと …

I'd rather eat at home.

どちらかというと、家で食べたいです。

▸ 選択を迫られたときに、答えとして使う表現

I'd rather... は I would rather のことですが、**会話では基本的に I'd rather... と短縮します。**否定する場合は I'd rather not fly.（飛行機には乗りたくありません）のように、would rather not ... で「どちらかといえば、～したくない。」という意味になります。似た表現としては「I prefer A to B（B より A のほうが好みです）」があります。また、自分の要望は、I'd rather stay at home tonight.（今夜は家にいたい）のように後ろの動詞は原形ですが、自分以外の人に要望する時には I'd rather you stayed at home tonight.（今夜は家にいてほしい）過去形に変わります。

使える！フレーズ

I'd rather have wine.
どちらかというと、ワインが飲みたいです。

I'd much rather watch TV.
どちらかというと、テレビを見たいです。

散歩する

I'd rather go for a walk than sit inside.
どちらかといえば、中で座っているよりも散歩に行きたいです。

I'd rather express my feelings directly.
どちらかといえば、直接気持ちを伝えたいです。

067

No matter...

たとえ…であろうとも

No matter what you do, I will trust you.

たとえあなたが何をしても、私はあなたを信じます。

▶ 説得力が増す、強調するために使われる表現。

No matter… は単純に結論だけを述べるのではなく、**より説得力を増すために使われる強調の表現です。**
「あなたを信じます」よりも「たとえあなたが何をしても信じます」のほうがより強調されているとわかりますよね。No matter は it doesn't matter の短縮形で、what, when, where, which, who, how と一緒に使います。一度使ってみると理解が深まるので、ぜひ試してください。

使える！ フレーズ

No matter how much I study, I couldn't pass the exam.
たとえどれほど勉強しても、試験には合格できない。

No matter where you go, I will follow you.
たとえあなたがどこへ行こうとも、私はあなたについて行きます。

No matter how hard it gets, I won't give up.
たとえどんなに困難でも、私はあきらめません。

No matter the outcome, I'll give it my best shot.
結果がどうあろうと、最善をつくします。

ここでのbest shotは「全力、最大限の試み」

You mean...

...ってこと？

You mean I'm just your friend.

私はただの友だちってことですね。

▶「〜ということですね」と会話の内容を確認する

mean という単語は「〜を意味する」だと中学校で習いました。ただ、会話で最もよく使われるのは I mean ...（つまり〜）という会話のクッションや、You mean ...（〜ということですね）と相手が話したことがよくわからない時や、驚いた時、事実なのかを確認しながら質問するというイメージが You mean... です。ですから、語尾にクエスチョンマークがついていなくても、質問する時のように最後はちょっとあがり気味で発音するといいですね。

使える！フレーズ

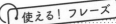

You mean I'm a liar.
私が嘘つきだってことですね。

You mean you have to go.
行かなくちゃいけないってことですね。

You mean you've never been to Japan before.
あなたは日本へ行ったことがないってことですね。

You mean you forgot to bring your wallet.
財布を忘れたってことですね。

069

..., right?

... で、あっていますか？

You are second, right?

あなたが2番目であってますか？

念押しや同意を求めるときによく使う表現

right には「右」だけでなく「正しい」という意味があるのはよく知られています。でも実はそれ以外に、**会話では付加疑問文（..., isn't it? や ..., don't you?）と同様の意味で使うことができます**。疑問文にせずとも、相手に質問することができるので、とても便利です。right の類似語としては、correct や true があります。また反対語としては、wrong になります。rightly というよく似た副詞もありますが、こちらは主観的に意見を言う時などに使います。疑問文がすぐに出てこなくても、こういったコツを知っていると使えるので便利ですよ。

使える！フレーズ

I can get the ticket, right?
チケットを買えるんですよね？

曜日はon、月・年はinを使います

I completed the booking on Saturday, right?
土曜の予約は完了したってことですよね？

We're meeting at 7 p.m. tonight, right?
今夜の7時に待ち合わせで合ってますか？

The meeting is in Room 203, right?
会議は203号室で合ってますか？

That's why...

そういうわけで…

That's why I like it.

そういうわけで、好きなんです。

▸ That's whyは理由を言うときの表現

That's why... の That's は That is を短縮したものです。さらに細かい説明をすると、That's the reason why ... というフレーズがあり、the reason（理由）を省略したものが That's why... です。話し言葉なので、文章では使いませんが日常的に非常によく使う表現です。よく似た同じような表現で That's because もあります。この場合の because と why は理由を言うために使われます。しかし通常は why? は理由を聞く時の言葉で、because ＝なぜなら〜と理由を説明するための言葉なので注意してください。

使える！フレーズ

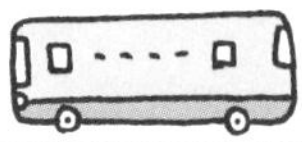

That's why I'm here.
そういうわけで、私はここにいるんです。

That's why I got confused.
そういうわけで、混乱してしまったんです。

That's why I was late.
そういうわけで、遅れてしまったんです。

この場合は動詞です

That's why I volunteer.
そういうわけで、ボランティアをしているんです。

🔊 071

I told you...

... って言ったでしょ。

I told you I can't move.

私は動けないと言ったでしょう。

▶ 事前に言ったことを聞かなかった相手に使う

I told you. は、直訳すると「私はあなたに告げました」という意味です。すでに一度言っていることに対しての「だから言ったでしょう」という表現で**「何度も言わせないで」や「忠告を聞かなかったからでしょ」という意味合いを含んでいます。**I told you so! はまさに日本語の「ほらね、だから言ったでしょ」に近いニュアンスです。told は tell の過去形、不規則動詞です。tell-told-told ですね。例えば、choose（選ぶ）fly（飛ぶ）learn（学ぶ）wake（目覚める）など、日常的によく使う不規則動詞はかなりあるので、覚えておくといいでしょう。

使える！フレーズ

アメリカでは「coke」はコカコーラ社のコーラのことを言います

I told you not to drink so much coke!
コーラをそんなにたくさん飲んじゃダメ、って言ったでしょう！

I told you I was busy.
忙しいって言ったでしょ。

I told you not to forget your umbrella.
傘を忘れないように言ったでしょ。

I told you to be careful.
気をつけるように言ったでしょ。

072

As far as I know...
私の知る限りでは

As far as I know, this is the latest edition.

私の知る限りでは、これが最新版です。

▶「知っている範囲では」と前置きして答える表現

as far as I know は「自分の知る限りでは」という意味です。**もしかしたら間違えているかもしれない情報を、自分の知っている範囲で相手に伝えるときに使います。**

as soon as（～するとすぐに）、as long as（～である限り）、as well as（～だけでなく）など as...as の表現はたくさんあるので、少しずつ使って覚えていきましょう。

使える！フレーズ

As far as I know, it is the oldest site in the world.
私が知る限りでは、世界最古の場所です。

As far as I know, he's a nice guy.
私が知る限り、彼はいいやつだ。

As far as I know, the train should arrive in about 10 minutes.
私が知る限り、電車はあと10分くらいで到着します。

As far as I know, the store is closed on Sundays.
私が知る限り、その店は日曜は休みです。

073

I'm looking forward to...

... するのが楽しみです。

I'm looking forward to it.

楽しみにしています。

▶ toが前置詞ということに注意！

意味は「これから起こることにワクワクしたり、楽しみにしている」と言うニュアンスです。I'm looking forward to の **to は前置詞なので、後ろには名詞、代名詞や動名詞が続きます**。うっかり動詞の原形を続けて I'm looking forward to see you. としないように注意してください。また、違った使い方として、手紙やメールの結びに使うフォーマルな表現があります。I look forward to hearing from you.（ご連絡お待ちしております）のように使います。

使える！ フレーズ

I'm looking forward to your reply.
お返事をお待ちしています。

I'm really looking forward to my vacation.
休暇が本当に楽しみなんです。

I'm looking forward to the weekend.
週末が楽しみです。

I'm looking forward to seeing you.
会えるのを楽しみにしています。 動詞+ingにすること

🔊 074

I want you to...

... してほしい。

I want you to understand something.

あなたに理解してもらいたいことがあります。

▸ 相手に何かをしてもらいたいときの表現

I want you to は相手に何かしてほしいと伝える表現です。**お願いや要求があるときなどに使います。**
似ている表現で I need you to がありますが、こちらは I want you to よりも強い要求を示す表現となります。また、注意することとしては want の後ろに that は続きません。例えば I want you to tidy your room.（部屋を掃除してほしいんだけど）ということはできますが、I want that you tidy your room. とすることはできません。

使える！ フレーズ

I want you to help me clean the room.
部屋を掃除するのを手伝ってほしい。

この場合は「連れていく」

I want you to take me to the station.
私を駅まで連れて行ってほしい。

I want you to be honest with me.
素直になってほしい。

I want you to call me .
電話をしてほしい。

075

I've been to...

...に行ったことがある。

I've been to Paris.

パリに行ったことがあります。

▶「...に行ったことがある」という「経験」を伝える

「経験」を表現する場合は never や ever、...times といったキーワードと一緒に使うことが多いです。「～へ行ってきたところだ」という「完了」の意味で使うこともあります。「行く」という日本語から「go」を使うのではないかと勘違いしてしまいがちですが、例えば、He's just gone to the shop.（彼は店へ行ってしまった＝まだ店から戻らない）という違う意味になります。been を使うと、He's just been to the shop.（彼は店へ行ったことがある＝今、店にはいない）という違いがあります。

使える！フレーズ

Have you ever been to Canada?
カナダに行ったことがありますか？

I have been to Tokyo many times.
私は頻繁に東京に行く。

何度も、頻繁に。覚えておくと便利です

I've been to Japan once, and I absolutely loved it.
一度日本に行ったことがありますが、とても素敵でした。

I've been to his house many times.
何度も彼の家に行ったことがあります。

Congratulations on...

... おめでとう。

Congratulations on your promotion!

昇進おめでとう！

▸ Congratulations! と複数形にするのを忘れずに

お祝いという意味の単語ですが Congratulations! と**複数形にすることではじめて、「おめでとう！」という祝福の気持ちを伝える言葉になります。**

このsは「強意の複数」とよばれ、複数形にすることで感情の程度の大きさを表すとされています。thanks や best wishes、best regards なども同様のsです。ちなみにお誕生日のお祝いには Congratulations! とは言わずに、Happy birthday.（誕生日おめでとう）と言います。

使える！フレーズ

Congratulations on your graduation!
卒業おめでとう！

Congratulations on your tenth anniversary.
10周年、おめでとうございます。

Congratulations on your engagement!
婚約おめでとう！

Congratulations on your new baby!
出産おめでとう！

出産を直訳しなくてOK！

077

Why don't you...?

... してみたら？

Why don't you try it?

試してみてはどうですか？

カジュアルな提案で使う表現

親しい人に「～してはどうですか？」「～してみたらどうですか？」と提案する際に使います。似た表現で Why don't we...? があります。こちらは「～しませんか？」と提案したり、誘ったりする場合に使います。また、同じ why を使った提案のイディオムで why not があります。「賛成」という相づちの意味で覚えているかもしれませんが、Why not use my car?（私の車を使えばいいじゃない？）のように提案として使うこともできます。

使える！フレーズ

Why don't you practice in the garden?
庭で練習したらどう？

終わりにする、切りあげる

Why don't you call it a day?
もう今日は終わりにしたらどうですか？

Why don't you take a break?
ちょっと休憩したらどうですか？

Why don't you start a journal?
日記をはじめたらどうですか？

kind of...

ちょっと…だね。

I'm kind of busy this week.

今週はちょっと忙しいんだ。

▸ 返事にあいまいな感じを醸し出すkind of...

日本語でも「かもね」「そんな感じ」などあいまいな言い方をすることがありますよね。英語の場合も、Yes. No. で返事できることばかりではありません。そういった場合に、この kind of はとても便利で、日常的に使われています。kinda と書くこともあり、発音もこのようにします。フォーマルは言い方ではないので、ビジネスの場などでは使いません。また、同じような意味、使い方として sorta（sort of の省略形）があります。こちらも kinda と同様、カジュアルな口語です。

使える！フレーズ

I'm kind of sleepy.

ちょっと眠いな。

こういうふうにinを使えるとスマート！

I'm kind of hot in this uniform.

この制服を着ていると、ちょっと暑いんだ。

I'm kind of tired today.

今日はちょっと疲れたな。

The movie was kind of funny.

映画はまあまあおもしろかったよ。

079

You know, ...

ほら、ねえ。

You know, he was my classmate.

ほら、彼は私の同級生だったでしょう？

you knowは話をつなげる役割

you know は、「ほら」や「でしょ？」といった感じで、あいづちや同意を求めるときによく使われます。
ほかにも、英語のフレーズとフレーズの間をつなげるだけで、たいした意味を持たないときもあります。you know には必ずしも意味があるわけではないとだけ認識しておきましょう。

使える！フレーズ

You know, the restaurant by the beach.
ほら、あの海辺のレストランでさ。

You know, that guy we met at the party yesterday.
ほら、あの昨日パーティーで会った男の人いたじゃない？

大ファン、大好き

You know, I'm not a big fan of spicy food.
ほら、辛いものはあんまり好きじゃないんだ。

You know, I'm really looking forward to the weekend.
ほら、週末が本当に楽しみなんだ。

080

I know, but...

そうだね、でも…

I know, but you have to tell someone.

そうだね、でも誰かに話したほうがいいよ。

▶ 相手の状況に理解を示す、共感の表現

相手の発言や行動に納得できない部分があったとしても、共感の気持ちを示したいときに使える表現です。I know..., but... の後ろに自分の意見をつなげることができます。状況が変われば同じ I know が励ましの言葉になったり、突然いい考えがひらめいた時の「そうだ！」にあたる I know! だったりと、非常によく使われる表現です。I know, right? (だよね。) という同意を表現するフランクな言い方もあります。

使える！フレーズ

I know, but I hate it!　don't likeよりも強い言葉

そうだね、だけど嫌いなの！

I know, but I really want to eat that slice of cake.

そうだね、だけどあのケーキをどうしても一切れ食べたいんだ。

I know, but I don't agree with your opinion.

そうだね、でもあなたの意見には賛成できないんだ。

I know, but what does that have to do with me?

そうだね、でも私に何の関係があるの？　関係がある

081

I was about to ...

今ちょうど ... しようとしてた。

I was just about to call you.

電話しようと思っていました。

▶「するところだったけど、しなかった」という意味

しようとしていたことが中断された、または、する予定がなくなったときに使われる表現です。ですから I was just about to call you. は「電話しようと思っていました＝でもしなかった」という意味になります。ちなみに現在形の be about to ＋動詞の原形は、今まさに起こると予想されることに対して使います。I'm just about to set off for a walk.（ちょうど散歩にでかけるところなんだ）このように、just を一緒に使って、「今まさに」を強調することも多いです。

使える！ フレーズ

I was just about to leave!

帰ろうと思っていました！

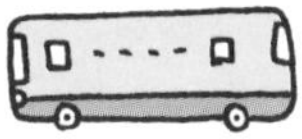

I was just about to finish the game.

ゲームを終えるところでした。

I was about to eat lunch when my friend called.

友だちからの電話がかかってきたとき、ランチを食べようとしていたところだった。

I was about to buy the shirt, but it was too expensive.

シャツを買おうとしたけど、高すぎた。

It depends on...

... 次第です。

It depends on how you look at it.

それは見方によるね。

▸ 状況次第ではっきりしたことは言えないときに使う

「ケースバイケース」や「時と場合による」という表現がありますが、It depends. という表現は、まさにそんなニュアンスです。細かいことを言えば、depend on/upon は句動詞で「何かを信頼する」「何かのサポートを必要とする」という意味があります。

具体的な状況について伝える場合は It depends on... の後ろは名詞、またはWH名詞節（when、where、why、how、what、who などを使った名詞の役割をもつ節）となります。

使える！フレーズ

It depends on when you go.

君がいつ行くか次第だね。　wh名詞節

It depends on the question.

質問次第だね。

It depends on the price.

値段次第だね。

It depends on the weather.

天気次第だね。

083

I'm into...

... にハマってる。

I'm into Japanese food.

和食にハマってます。

in＋to＝into で「ハマっている」を表す

I'm into... の into は2つの単語の意味を持っています。in は「～の中」で、to は「～へ」といった方向の意味が基本にあります。つまり into は、**何かの中に入ろうとしている状態を表し「ハマっている」という意味になるのです。**「ハマっている」という日本語訳からも想像できるように、カジュアルな表現であり、決してフォーマルではありません。似ている表現で interested in がありますが、こちらはフォーマルな表現としても使うことができます。interested in よりもくだけた表現で、さらにぐっと「強い」気持ちがあるのが into だと理解すればいいでしょう。

使える！フレーズ

I'm into cooking and trying out new recipes.
料理や新しいレシピ作りにハマってます。 try out=～を試してみる

Actually, I'm really into jogging at the moment.
実は、今ジョギングにハマっています。

I'm really into photography lately.
最近写真に本気でハマってます。

I'm really into working out at the gym.
ジムでのトレーニングにすごくハマってます。

084

get along with...

... と仲良くなる、うまくやっていく。

You'll get along with him.

あなたも彼と仲良くなりますよ。

▶ 関係がうまくいっていることを言い表す

get along with ... は「～とうまくやっていく、よい関係である」という表現の句動詞（フレーザルバーブ）です。
with の後ろに人がくれば「～と仲良くやっている」というニュアンスとなり、後ろに仕事や事象がくれば「うまく対処する」という意味になります。また get on も同じような意味で使うことができます。She doesn't get on well with her mother.（彼女は母親とうまくいってない）のように使うことができます。get along with... は、非常によく使う、私が最初に覚えたフレーザルバーブです。

使える！フレーズ

How are you getting along with co-workers?
同僚とは仲良くやっていますか？　またはcolleagues

My boss and I get along well.
上司とは仲良くやっています。

I find it easy to get along with children.
子どもたちと仲良くやるのはかんたんだと思います。

My sister and I don't always get along.
姉と私はいつも仲がいいわけではありません。

085

I'm on...

... しているところ。

I'm on my way to the gym.

今ジムに向かってるよ。

「～している最中です」と言うときの便利な表現

この場合の on は「～の途中」というプロセスを意味します。on のコアイメージは「接触」です。そこから派生して「の上に、時、の交通手段で、途中、関連する」など複数の使い方があります。前置詞の使い方は難しい文法の一つですが、よく使うものを少しずつ覚えて慣れていくことが大事です。

また、in September や on Sunday のように、in と on の使い分けで悩むこともあると思います。in のほうが、より大きなエリアのことについて使うと考えましょう。

使える！フレーズ

I'm on vacation.

休暇中です。 イギリスでは=holiday

I'm on a diet, so I can't eat dessert.

ダイエット中なので、デザートは食べられません。

I'm on a call right now.

今電話中なんです。

I'm on a break right now, so I can chat for a few minutes.

ちょうど今、今すぐ

今休憩中なので、少し話せますよ。

086

You look (like)...

あなたは ... のようだ。

You look sleepy.

眠そうだね。

▸ 後ろに続く言葉に連結するlook

この場合の look は「見る」ではなく、「〜に見える（appear)」のような意味です。後ろに続く言葉に連結するので、look 自体は独立した意味を持ちません。look like = similar to（に似ている）という意味になります。「似ている」という意味を持つのは like で、look はあくまでも、「〜に見える（appear)」のような連結ワードです。ですから、My sister is like my mother.（姉は母に似ている）や、My sister looks like my mother.（姉は母に似ている）といった使い方をします。

ちなみに sound like... は言ったこと、書いてあることが「〜のようだ」という意味で使います。

使える！フレーズ

You look more relaxed than before.

前よりはリラックスした感じだね。

What does your dog look like?

あなたの犬はどんな犬ですか？

You look like your father.

お父さんに似てますね。

You look worried.

心配そうだね。　このworriedは形容詞です

087

In my opinion...

私的には

In my opinion, he is a good man.

私的には、彼はいい人です。

▶ 自分の意見や考えを述べるときに使う

in my opinion は日常会話だけでなく、授業中や仕事などのディスカッションでも使える、比較的ていねいな表現です。ショートメッセージなどでは IMO と略して使うこともあります。

注意することとしては、in my opinion と I think（〜と思います）は一緒には使いません。In my opinion, I think she... とはなりませんので、ご注意を。

使える！フレーズ

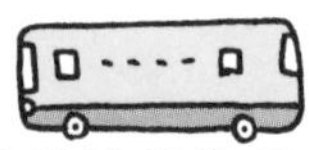

In my opinion, the new restaurant isn't good.

私見ですが、新しい店はおいしくないです。

In my opinion, it was the best day ever!

私的には、最高の一日でした！

In my opinion, he's the best candidate for the job.

候補者、希望者

私としては、この仕事に最適な候補者だと思います。

In my opinion, his speech was a bit confusing.

私としては、彼のスピーチはちょっとわかりにくかった。

◀)) 088

It doesn't matter...

... でも問題ない。

It doesn't matter when you come.

いつ来ても構わないよ。

▶「重要ではない」場合に使える頻出表現

matter を動詞として使う場合、もっとも一般的なのが否定文と疑問文での使い方です。このページで紹介している it doesn’t matter は =it is not important、つまり「重要ではない」と言う意味になります。疑問文は if と一緒に使われることも多く、Does it matter if I leave?（出かけても問題ないですか？）のように使います。

使える！フレーズ

It doesn't matter to me where you live.
あなたがどこに住んでるかなんて私には関係ない。

It doesn't matter anymore.
それはもうどうでもいいんだ。

It doesn't matter what we eat for dinner.
夕食はなんでもかまわないよ。

It doesn't matter if we're a little late.
少しくらい遅れても大丈夫ですよ。

089

make sense
納得する / 意味がわかる

Does it make sense to you?

わかりますか？

「意味がわかる、明確になる」という表現

make sense は日常的によく使われます。どちらもかんたんな単語の組み合わせですが、その意味を知らないと、推測するのは難しいと思います。**Does it make sense?（わかりましたか？）という意味でいろいろな場面で使います。**質問の答えとして Make sense.（わかりました）と表現することもあります。make を使ったイディオムは他にもたくさんあります。例えば、make peace（友好的にいく）make noises（文句を言う）make off（退散する）など。よく使うものから少しずつ覚えていきましょう。

使える！フレーズ

That makes sense.
なるほど／わかりました。

It doesn't make sense.
意味がわかりません。

The instructions are clear and make sense.
説明が明確なので理解できます。

not ～at allでまったく～ない

His choice didn't make sense at all.
彼の選択はまったく理にかなっていなかった。

Be careful...

... には気をつけて。

Be careful when you drive a car.

車を運転するときは気をつけて。

▸「慎重にね」と注意をうながすときのBe careful...

「気をつけて」という日本語を表したいとき、英語では場面によって使う表現が違います。

Be careful... は慎重になるように注意をうながすといったニュアンスです。ですから別れ際のあいさつや見送りのときなどにはあまり使いません。他には、Watch out!（危ないから気をつけて）Take care（体に気をつけて）のような表現があります。

使える！フレーズ

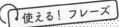

Be careful crossing the busy street.
通りを渡るときは気をつけて。

Be careful not to hurt yourself.
怪我をしないように気をつけて。

Be careful not to spill your coffee.
コーヒーをこぼさないように気をつけて。

Be careful with your personal information.
個人情報の取り扱いには気をつけて。

◀)) 091

Would you like...?

... はいかがですか？

Would you like coffee or tea?

コーヒーか紅茶はいかがですか？

▶ イメージはDo you want...?のていねいな表現

Would you like...? は、レストランやお店の店員が接客をする場面でよく使う、**ていねいに提案したり、誘ったりするときのフレーズです。** Do you want...? をていねいにしたものと覚えましょう。

また、ていねいなリクエストに使う would としては、Would you mind があります。Would you mind sharing a room?（一緒に部屋を使ってもいいかな？）のように、こちらも Do you mind よりもていねいな言い方として使われます。

使える！フレーズ

Would you like something to drink?

何かお飲みになりますか？

Would you like to have dinner with me?

私と夕食でもいかがですか？

Would you like some help with your homework?

宿題を手伝いましょうか？

Would you like me to pick you up from the airport?

空港まで迎えに行きましょうか？

Would you mind if...?

... してもいいですか？

Would you mind if I turned down the volume?

音量を下げてもいいですか？

▶ ifとセットで使うと、許可を求める表現に

許可を求める場合には if をセットにして使います。

would you mind if... に続く単語は、現在形と過去形のどちらでもよいですが、**過去形のほうがよりていねいな言い回しになります。**

日本語だと「はい、いいですよ」にあたる「許可」が No. となるので注意が必要です。

間違えにくい「はい、いいですよ」の答え方としては Not at all. が個人的にはオススメです。

使える！フレーズ

Would you mind if I told her about it?

そのことを私から彼女に伝えてもいいでしょうか？

Would you mind if I turned the TV on?

テレビをつけていいですか？　turn on＝つける

Would you mind if I smoked?

たばこを吸ってもいいですか？

Would you mind if I asked you a personal question?

個人的な質問をしてもいいですか？

🔊 093

I apologize for...

... で申し訳ありません / お詫びします

I apologize for the inconvenience.

ご迷惑をおかけして申し訳ございません。

▶ sorryよりもあらたまった、形式的な謝罪

I apologize for... は sorry よりもあらたまった謝罪です。だからといって sorry がカジュアルな表現で目上の人に使えないということではありません。

I apologize for... が公式な場などで「大変申し訳なく思っています」のように謝罪するときに使うのに対し、sorry はもっと感情的な表現となります。

ですから、対人なら、I am really sorry.（本当にすみません）と気持ちを込めて伝えれば、ていねいな謝罪となります。

使える！フレーズ

I apologize for the delay.
遅延をお詫びします。

空港、駅で目にするワード

I apologize for the incorrect documents.
書類に不備があり申し訳ありません。

I apologize for the noise.
騒音についてお詫び申し上げます。

I apologize for the late response.
返信が遅くなり申し訳ありません。

Sorry to bother you, but...

お忙しいところすみませんが、…?

Sorry to bother you, but would you do me a favor?

お忙しいところすみませんが、お願いしてもいいですか？

▶「お忙しいところすみませんが」を英語にすると

お願いをするときに一言つけ加えるのは、マナーでもあります。ていねいに言うときは I'm sorry to bother you... となります。後ろに but... と続け、お願いしたい内容をつけ加えましょう。bother には「～を悩ます、煩わせる」の意味があります。

使える！フレーズ

Sorry to bother you, but can you show me the way?

お忙しいところすみませんが、道を教えてもらえますか？

Sorry to bother you, but could you pick up the phone?

お忙しいところすみませんが、電話をとっていただけますか？

Sorry to bother you, but do you have a moment to talk?

お忙しいところすみませんが、少しお話しできますか？

Sorry to bother you, but would you mind taking a photo of us?

お忙しいところすみませんが、写真を撮っていただけますか？

It's a pleasure to...

... できてうれしいです。

It's a pleasure to meet you.

お会いできてうれしいです。

▶ 大きな喜びをていねいに表現する

ビジネスの場では、「はじめまして」という意味で Nice to meet you. のかわりに It's a pleasure to meet you. と伝えることが多いです。**「お会いできて光栄です」といったニュアンスで、よりていねいでフォーマルな表現となります。**

また、お礼を言われた時のていねいな答えとして使うこともできます。It was so kind of you.（ご親切にありがとう）It was a pleasure.（とんでもありません）のように使います。

to の後ろには動詞の原形が続きます。いろんな場面で使ってみましょう。

使える！フレーズ

It's a pleasure to work with you.

仕事をご一緒できてうれしいです。

It's a pleasure to contact you.

あなたと連絡がとれてうれしいです。

It's a pleasure to help you.

お手伝いできてうれしいです。

It's a pleasure to be here.

ここにいることができてうれしいです。

096

Could you...?

... していただけますか？

Could you speak more slowly, please?

もっとゆっくり話していただけますか？

▶ Can you...よりもていねいな依頼のしかた

Can you... よりもていねいに依頼するのが Could you... です。では、友だちなど身近な人に対しては Could は使わないかといえば、そうではなく、使う場合もあります。

実は Could you...? は、ていねいにお願いするときだけではなく、「お願いしにくいこと」を依頼する際にも使えるのです。

また、学校では could は can の過去形と習ったこともあると思いますが、could はモーダルバーブ（法助動詞）の一つなので、実はさまざまな使い方があります。

使える！フレーズ

Could you make it?

間に合いますか？　make it＝間に合う

Could you tell me how to use this?

この使い方を教えてもらえますか？

Could you pass me the salt, please?

塩を取っていただけますか？

Could you double-check these figures for me?

数字を再確認していただけますか？

097

May I...?

... してもいいですか？

May I ask who's calling?

どちらさまでしょうか？

▶ 目上の人や初対面の人に「許可」を求める表現

May I...? は、目上の人や初対面の人に対しての表現で、一方 Can I...? は、家族や友人、親しい同僚に対して許可を求める表現です。**May I...? の方がよりていねいな表現というだけで、意味に違いはありません**が、日常的には Can I...? を耳にすることが多いように感じます。
また、may は希望や願望の意味で使う場合もあります。スターウォーズ映画でお馴染みの May the Force be with you.（フォースと共にあらんことを）は「検討を祈るよ」と言う意味で、日常でも使われるフレーズになりましたね。

使える！ フレーズ

May I ask you a favor?
お願いしたいことがあるんですが。

May I have your attention, please?
注目していただけますか？

attention,please.はアナウンスの決まり文句

May I have a moment of your time?
少しお時間をいただけますか？

May I borrow your pen, please?
ペンをお借りしてもいいでしょうか？

Excuse me, but...

すみませんが ...

Excuse me, but I think this is my seat.

すみませんが、ここは私の席だと思います。

▶ 日本語訳の「すみません」に注意

Excuse me, but... は「すみませんが」と日本語に訳すことができますが、この「すみません」がくせものです。
私たちは何気なく使っていますが、「すみません」は使う場面によって意味が違うのです。ざっくり分けると謝罪、感謝、呼びかけです。
この場合の Excuse me. に対応する「すみません」は呼びかけになります。また、Excuse my French! というイディオムがありますが、日本語訳だと（汚い言葉で申し訳ないが）となります。不思議に思うかもしれませんが、後に続く汚い言葉の言い訳として使います。

使える！フレーズ

Excuse me, but where is the library?
すみませんが、図書館はどこですか？

Excuse me, but could I say something here?
すみませんが、ひと言いいでしょうか？

Excuse me, but I think you dropped your wallet.
すみませんが、お財布を落としたようですよ。

Excuse me, but could you please close the door?
すみませんが、ドアを閉めていただけますか？

099

I appreciate...

... に感謝します。

I appreciate your cooperation.

ご協力に感謝します。

▶ 主に行為や物に対する感謝を表現

I appreciate... を「感謝する」という意味で使う場合は、Thank you. と違い、基本的に人に対しては使いません。**I appreciate it. が定番フレーズで、物事 (=it) を指して感謝の意を表します。**
また、appreciate は His property has appreciated as much as 10% in two years.（彼の資産は2年間で10%も値上がりした）のように「価値があがる、理解する、高く評価する」と、まったく違う意味で使う場合もあります。

使える！フレーズ

I appreciate your consideration.
ご配慮に感謝します。

I appreciate the compliment.
ほめていただきありがとうございます。

I appreciate your understanding.
ご理解いただきありがとうございます。

I appreciate your hard work on this project.
このプロジェクトでの働きに感謝します。

I'd love to, but...

ぜひそうしたいのですが、… です。

I'd love to keep talking to you, but I have to go.

あなたともっと話していたいけど、行かないといけません。

▸「ぜひ～したい！」という強い表現

相手の誘いなどに対して「ぜひ！」と伝えるときに使えます。Yes. の返事をするときにも I'd love to! と表現できます。誘いを断るときに「I'd love to, but ... を使って「ぜひそうしたいんだけど、～しないといけないの」のように、**後ろに断る理由を入れて使われることが多いです。** ちなみに I'd love to は I would love to を短縮したものです。

使える！ フレーズ

I'd love to have a drink, but I have to drive.
ぜひ飲みたいけれど、運転しなければなりません。

I'd love to see a movie with you, but I can't tonight.
ぜひあなたと映画を見たいけど、今夜は無理なんだ。

I'd love to join you for dinner, but I already have plans tonight.
ぜひ夕食に参加したいんだけど、先約があります。

I'd love to help you, but I'm not available this week.
ぜひ手伝いたいのですが、今週は都合がつきません。

コラム②

「話せる」と「話せない」

世界英語ランキング No.1 常連のオランダに旅した時のことです。オランダの母国語はオランダ語ですが「オランダ語がわからない」と言うと、ほとんどの人が英語に切り替えて話してくれました。
「僕はあんまり英語得意じゃないんだけど」と言いながら店の商品の売り込みをしてくる青年、切れ目なく話がどんどん続くので、とてつもなく流暢に思えた若い女性。
彼らが金髪で青い目ということも「英語が上手」に思わせてしまうのに一役買っていたのは間違いありませんが、**出会った人すべてが躊躇なく、すぐに英語で会話できるのを見て、世界ナンバーワンは本当なんだなと感じました。**

かたや海外に行くといろんな場所で「日本語ができる」と自信満々で話しかけてくる人がいます。
そのなかには「こんにちは」と「ありがとう」が言えるだけとか、「ナルト（漫画）」を知ってるだけなのに、なぜか「話せる」と鼻高々だったりします。

日本人は謙遜が美徳というバックグラウンドがあるせいか、何かしらの証明がないと「英語が話せる」とは言えない空気がありますよね。
でも「できる」「できない」も結局は気持ち一つ、感じ方一つということが、日本を離れるとわかります。
海外旅行というと、名所に行くことやショッピングがメインだと思われがちですが、思わぬ気づきも醍醐味の一つ。私の場合は、もっと自分に自信を持っていいんだなとポジティブに考えることができました。

第5章

インタビュー
英語で
もっと輝く
人生

海外で暮らす、

英語を使って仕事をする。

実際に生活の中に英語があるというのはどういう感じなのでしょうか。

初心者から見れば「英語ペラペラ」に見える人の、

リアルな考え方を聞きました。

01

おいしいベーグルが食べたい

—世界のパンを食べ歩く—

ケイコさん（35歳）

一人暮らしがきっかけで、料理に興味を持ったというケイコさん。現在東京で暮らしているケイコさんは、長い休みを利用しては地方や海外へ、ベーグルを食べる旅に出かけます。

ケイコ：一人暮らしをはじめてから、朝ごはんにパンを食べるようになりました。最初は近所のパン屋さんで買って「全種類制覇！」なんてやっていたんですが、たまたまそのパン屋さんが雑誌に取り上げられる有名なお店だったんです。

そこからパンマニアがおすすめする他の有名店や人気店にも自転車で足を運ぶようになりました。ドイツパンやデニッシュ、食パンなど、東京には本当にたくさんのパンがあります。**食べきれないパンを保存するために大きい冷凍庫を買うくらい、パンに熱中していきました。**たまに催事などで地方のパンや、海外のパンを食べる機会もありました。

ベーグルにハマったのは「BAGEL&BAGEL」のベーグルを食べてからのことです。パンの中でも食感が独特なベーグルは、オイルフリーなこともあって女性に人気です。私も独特な食感にハマってしまい、おいしいベーグル屋さんを調べては買いに行くようになりました。

そして、ベーグルの中でもよりハードなニューヨークスタイルのベーグルが好きだと気づいたのです。その後、パン教室でニューヨーク帰りの講師によるニューヨークスタイルのベーグルの作り方を習い、自分で作ったりするようにもなりました。でもやっぱり、**ニューヨークで本物のベーグルが食べてみたい**という気持ちがありました。そこで、**本場のニューヨークへベーグルを食べに行くことに決めたのです。**

私の作るベーグルは、本当にニューヨークスタイルだろうか？ 本物は、日本で買えるベーグルとどれぐらい違いがあるんだろう？と、どうしても自分で確かめたかったんです。

ニューヨークでは、毎日ベーグル屋をめぐり、基本的に1日2回以上ベーグルを食べました。マンハッタンにはたくさんのベーグル屋があり、そうでもしないとたくさんのベーグルを試すことができないからです。同じニューヨークベーグルというくくりでも、店によって食感や見た目、味にも違いがありました。

卵も油も入っていないため、日本ではヘルシーな女性のパンというイメージですが、ニューヨークではランチタイムになると多くの男性、例えば消防士のようなムキムキの人も店にやってきて、好きな具材を好きなベーグルにはさんでもらっていました。

――英語をはじめた理由も、ベーグルがきっかけだとケイコさんは言います。

ケイコ：最初にニューヨークへ行ったとき、**英語が**できなすぎて、

注文をするのにものすごく苦労しました。一緒に行った友だちもうまく注文できなくて、店を出てから二人とも機嫌が悪くなっちゃって……。

ベーグルだけを買うならそれほど大変じゃないんですが、サンドイッチにしようとすると、一つひとつほしいものを言わなくてはいけないので、注文がめんどうなんです。指差しでもいいんですけど、スプレッドやベーグルの種類の組み合わせもあって、どうしても英語で言う必要が出てきます。

結局、最初のベーグル旅では行きたいお店をまわりきれなかったり、注文がうまくいかずほしいものと違う商品が出てきたりしました。だから**「次に来るときまでに絶対英語をできるようにしておこう！ もうちょっとだけでも！」**と思って勉強をはじめました（笑）。

――英語学習をはじめて数年経つというケイコさん。英検などのテストはまったく受けていないと言います。

ケイコ：最初は初心者用のテキストを図書館でいくつか借りました。図書館で借りてよかったものは、1冊か2冊買ったかな。あとはポッドキャストの英語を通勤のときに聞いたりもしました。

基本的に、**「ベーグル旅でちゃんと注文できればいい」というスタンスなので、必要なことから覚えていった感じです。**だからパンや食べ物まわりの英語は自分で調べました。

それから、YouTube で海外の注文の動画を字幕つきで見たり、書き出したりもしました。書いたものを覚えて自分用に置きかえて言ってみるということもやりました。

——今、ケイコさんは一人でニューヨークやシアトル、モントリオールからパリまで、ベーグルやパンを巡る旅をしています。「決して堪能ではない」と自分では言うものの、必要なやり取りをすべて英語でこなし、軽々と移動を続けるケイコさん。英語を学んだことで、おいしいベーグルやパンを食べに行く場所として、海外へも目を向けることができるようになったと言います。

ケイコ：今、日本にもおいしいベーグル屋さんはたくさんあるし、自分でも焼けるようになりました。でも新しい店を知ったらやっぱり自分で行かずにはいられません。**その店が気にいるかどうかもわからないけど、やっぱり自分で体験してみたいんですよね。**

よく「行動的だね」と言われるんですが、人見知りだし、あがり症だし、自分では決して行動的だとは思いません。でもこれまでも、実際に足を運ぶことでいろんな経験ができたことが癖になっちゃったのかもしれません。実際に足を運ぶことで、食べるという体験だけでなく、＋サムシングがあることが私にとっては魅力なんだと思います。

——英語を学習している人に向けて何か伝えたいことは

ケイコ：私は受けたことがないのですが、今もしも TOEIC を受けても、500点くらいじゃないかと思います（笑）。それでも、パンを食べに行こうと海外に目を向けられるのは「**自分は英語ができない」とは思っていないからなのかもしれません。**日本だとスキルや教養として英語を学習する人が多いと思いますが、「自分が興味のあることのために英語を学ぶ」、そんな英語への関わり方があってもいいかなと思います。

02

とにかく毎日「おもしろい」

― セブ島で保育園を運営する ―

トモコさん（49歳）

小学生の男の子のお母さんでもあるトモコさんは、セブ島でvoyage childhouseという保育園を運営しています。
もともと日本で教員をしていたトモコさんは、30代半ばに青年海外協力隊員としてスリランカへ渡りました。現在は日本とセブを行き来し、スタッフとやり取りをしながら保育園を運営しているトモコさん。これまでどのような経緯があったのでしょうか。

トモコ：もともと教師をしていましたが、休職して青年海外協力隊の教員としてスリランカへ行きました。スリランカではホームステイで2年ほど暮らしましたが、食事はいつもカレー。それが辛（から）くて辛くて大変でした。

ホストファミリーのママが私をかわいそうに思って、**辛さを控えめに作ってくれるんですが、それでも辛い（笑）**。他に食べるものがないので、いつも無理して食べていました。でもだんだん慣れてきて、最後には**「今日のごはんは辛さが足りないね」**と言えるほどになりました。

英語の勉強をかねてフィリピンへわたったのは、その後のことです。最初はセブ島ではない島で、語学学校のマネージャーをしていましたが、セブ島のオンライン英会話を立ち上げる会社から誘われたのが、セブ島へ行くきっかけでした。

最初は誰もいない状態、何もない状態からのスタートで、英語もできなかったので本当に大変でした。紆余曲折を経てオンライン英会話の会社を立ち上げ、出産後に今の保育園を立ち上げました。

――英語ができなかったというトモコさん。なぜセブ島で保育園を作ることになったんでしょうか。

トモコ：出産後、息子を職場に連れて行って仕事をしていたので、彼はいつも大人の中で過ごしていました。でも私は、3歳からは子ども同士、社会性をはぐくみながら育てたいと思っていました。

以前から**セブには日本人が安心して預けられる託児所がなく、私と同じように考えている日本人がいるのでは、と思ったのがはじまりです。**

――長いフィリピン生活で大変なことはあったのでしょうか。

トモコ：一般的に日本からフィリピンに来ると、不満を感じる人が多いですよね。例えば建物のつくりも雑だし、スーパーで売っているものなのによく腐っているし、道端にはゴミもたくさん落ちています。でも私は、それほど気になりませんでした。

それは、フィリピンの前にスリランカで暮らしていたことが大きいと思います。海外に対する耐性というか、慣れのようなものでしょうか。

スリランカでは、当時政治的な問題もあって、爆破やら暴動やらで、危険な状態になったこともありました。身近な人が事件に巻き込まれたり、戦闘機が上空を何度も飛んだりしていました。

そういう国からフィリピンに行ったので、あまり驚きはありませんでした。仕事ではとにかく英語ができないので、それが大変といえば大変でしたね。

スタッフを雇用するにも、社員は私だけなので、頼れる人もいなくて、求人をどこに出せばいいのかなど、とにかくすべて手探りでした。**でもそういったことがおもしろくもありました。**

――現在フィリピン人スタッフとはすべて英語でコミュニケーションをしているトモコさん。どうやって英語を身につけたのでしょうか。

トモコ：英語はずっと苦手でした。学生のころは赤点をとったこともあるくらいのレベルです。

語学学校のマネージャーというと「英語が堪能なんでしょう」と言われることもありますが、当時は本当にできませんでした。そのとき受けたTOEICのスコアは300点台でした。知り合いに話すと「そんな点数出せるんだ」とびっくりされたくらいです。

そんなレベルですから、リスニングもスピーキングも本当にまるでできなかったのです。仕事では必須の電話もできません。だから当時は何か必要があると、実際に相手のところまで直接行きました。**直接会えば、紙に書いたりジェスチャーをしたりと、話す以外の方法を使うことができるからです。**

そんな状態でしたが、ずっと英語だけだと、何度も出てくる言葉や言い回しに、否が応でも気づきます。聞いただけでは覚えられませんから、**何度も聞き返したり、今度は自分で使ったりして、少しずつ覚えていきました。**

　今では電話も自分でかけることができるようになったし、コミュニケーションはすべて英語です。でも、今でも自分では英語はぜんぜんできないと思っています。

――トモコさんは日本を出たからこそ気づいた、それぞれの国のいいところをこのように話します。

トモコ：すごく感じるのが、フィリピン人は子どもに優しいなということですね。親子ですごくリラックスして生活できます。

　フィリピンは、子だくさんのファミリーが多いんです。日本では子どもが3人でも子だくさんですが、フィリピンではもっときょうだいが多いファミリーもざらです。子どもが多すぎて入りきらず、二部制になっている公立小学校もあります。そんなふうにまわりに普段から子どもがいるので、みんな慣れているのかもしれません。

　今日本だと子どもも親もちょっと肩身がせまいというか、気を使いながら子育てをしている感じで、子どももそういう空気を感じている気がします。でも**フィリピンだと子どもがいることが当たり前。泣いたり、うるさくてもまったく気にしなくていいんです。そのあたりはいいなと思いますね。**

　日本のいいところは、やっぱり食べ物です。

　例えばスーパーで売っているお菓子もだいたい全部おいしいですよね。パッケージもきれいだし、開けやすくなっているし。でも日本を出て、それが当たり前ではないんだと気づきました。お金を出して買っても、なかなかおいしいお菓子もないし種類も多くありません。パッケージも「どうしてこれを直接箱に入れちゃうの」という雑な商品もよくあります。あとは食べようと思っても開かないものもありますね。「OPEN HERE」と書いてあるのに、切り口がなかったり。

――現在トモコさんは、日本とセブ島を行き来しながら保育園を運営しています。トモコさんが日本にいる間、スタッフとはリモートでやり取りをし、ほとんどすべての運営をフィリピン人スタッフに任せていると言います。

トモコ：ここまでは、決して順風満帆ではありませんでした。今、長く勤めてくれているスタッフに落ちつくまで、辞めていった人が何人かいます。そういうことを繰り返して、ようやくここまで来た感じです。

近年ではパンデミックで、セブ島から日本人がいっせいに引き上げてしまい、子どもが数人だけになってしまったこともありました。売り上げよりも家賃やスタッフの給料のほうが高い状態が続き、運営自体を考え直したこともあります。でもそういう**苦しい状態を一緒に乗り越えたことで、信頼が深まったということもあるかもしれません。**

――英語を学習している人に向けて何か伝えたいことは？

トモコ：私はスタッフとも英語でやり取りしていますが、今でも自分は英語ができないと思っています。実はこの間 TOEIC を受けてみたら600点台でした。当時よりはだいぶ点数が上がりました。

今日本の子どもたちを見ていてすごく感じるのは正解をとても意識しているということ。答えは1つで、正しい答えでないといけないという考え方です。だから、違うことをしたり、失敗したりすることを怖がるのかなとも思います。

例えば私は、英語で何かを聞くとき、疑問文の文法にしないで、語尾を上げることで疑問文にしてしまいます。文法的なことは置いておいて、それでもちゃんと意思疎通はできます。

私の場合は文法的に合っているかとか、正解なのかにこだわっていないんです。もちろん立場が変われば「文法的に合っているか」を大事にするときがくるかもしれませんが。

自分は何を大事にするのか？ 完璧な文法が本当に必要なのか？と、考えることが大事だと思います。そうすれば、一人ひとりに必要な英語を身につけられるのではないでしょうか。

ワーキングホリデーの制度がありますよね。私は30歳を過ぎていたので対象ではありませんでしたが、若いうちならそういった制度を使うこともできます。一度行ってみるといいんじゃないかなと思います。

そうして**ほんのちょっと勇気を出して、一歩踏み出してみると何かしら変化って起こるものです。**そういうおもしろさを、自分で体験できるということを伝えたいですね。

03

子どもの未来のために

—世界で一番子どもが幸せな国、オランダで暮らす—

トオルさん（49歳）

トオルさんは3年前からアムステルダムで家族5人で暮らしています。なぜ日本を出て、アムステルダムで暮らすことを選んだのか、その理由をこう語ります。

——アムステルダムへの移住するまでの経緯を教えてください。

トオル：家族でオランダへの移住を望んではいたものの、いきなり欧米圏への移住は、制度的にも心理的な距離からも難しいと考えていたので、まずはアジア、フィリピンのセブ島に行きました。それが初めての海外移住です。

——移住前の英語力はどのくらいでしたか？

トオル：実は英検も TOEIC も受けたことがないんです。若いころから海外旅行は好きだったので、旅行に必要な英語だけは話せていました。「Can I take this?」など、本当にかんたんなものです。**旅行はできるけど、現地の方との会話を楽しむことはできないレベルでした。**もちろん英語で仕事なんて考えられないつたなさです。

——まずはセブへ移住したのですね。

トオル：わが家には子どもが3人いるのですが、日本だけで生きることに不安を感じていて、「いつかは海外で生活したいね」と漠然と家族間で話してはいたんです。

そこまではよくある話だと思うのですが、ある日、妻がフィリピンの日系英会話学校の面接を受けることになったんです。たしか生徒のサポートの仕事だったと思います。妻の仕事は内容的に折り合いがつかなかったのですが、面接を進める中で、その会社がウェブ制作の人材を探しているという話を引き出して**「それなら私の夫が適任です」**と言っちゃったんです。

その日の夕食の席で、「**あなた、セブ島に行って**」と妻に言われました。その日、妻がセブ島の会社の面接を受けることは聞いていましたが「**なぜ、僕が？**」という状態です。

仕事の内容を聞いてまたびっくり。ウェブの制作なんてやったことないんですよ、僕。デザインやマーケティングを仕事にしていますが、募集しているのはプログラムを駆使する企業のウェブサイトを一から作る人材でした。

「いや、僕できないでしょ、その仕事！」
「大丈夫。なんとなく似てるし」
「なんとなくって、まったく似てないし」

妻のこのような突然の決定には慣れているので、面接だけ受ければ納得してもらえるだろうと思い、受けた面接で、なんと採用されてしまったのです。

「いや、ウェブも無理だけど、英語もできないじゃん」と思いつつ、これを逃したら海外移住の夢は一生叶わないなと覚悟を決め、**仕事も英語もできない中、3ヶ月後にセブ島に行くことになりました。**

――それでは、そこから英語を猛勉強したのですか？

トオル：してないです（笑）。移住まで3ヶ月しかないので、必死にウェブ制作を学びました。英語はそれほど求められないと面接で言われていたので、とにかく仕事の成果を上げなくては、と独学で学んでいました。実際に現地に行ってみると英語も求められていたとわかったのですが。

――セブ島に行ってからの生活はいかがでしたか？

トオル：セブについてからの3ヶ月はそれまでの人生で一番働いた時間だったと思います。なぜなら、まだ日本にいた家族にLINEで通話すると、妻は家財道具の処分をはじめ、子どもたちはフィリピンに引っ越すという情報がクラスメイト全員に知れ渡っている状態……。もう引き返せませんでしたから。

後戻りできない状況の中、なんとか仕事を評価され、家族を呼び寄せることができました。

――職場の英語環境はいかがでしたか？

トオル：「英語はそれほど必要ない」という前情報だったのですが、実際は英語でのミーティングが毎週あって、苦労しました。僕の部署にはフィリピン人・イラン人・韓国人・中国人がいて、日本人は僕一人でした。

でも**YouTubeの動画で見るようなアメリカンな発音の英語を話す人は誰もいませんでした。**みんなそれぞれに音やアクセントが違います。それにも戸惑いましたね。逆に日本のアクセントでも向こうは気にしている様子もないので、よかったのですが。

みんな全然気にしてないんですよ、英語が上手いか、発音がどうかなんて。仕事がスムーズに進めばいいといった感じでした。

最初、僕の英語が通じない時は発音が悪いのか？ この言い方では通じないのか？ と不安になりましたが、結局は声**が小さいことが大きな原因でした**。やっぱり自信がなくて、声が小さくなっているようで。そのことに最初は気づきませんでした。もしかすると多くの日本人が同じかもしれません。

――そこからオランダへ？

トオル：オランダは、ユニセフの「子どもの幸福度ランキング」で何度も1位になるなど、**子どもたちが生活するのに理想的だと以前から思っていました**。また、ビザが比較的取りやすいのも理由の一つです。

事前の情報通り、この国では**子どもたちが社会から守られている、大切に扱われていることを実感しています**。

オランダは英語圏以外の国での英語力が世界1位ということもあって、こちらがオランダ語ができないとわかると瞬時に英語に切り替えてくれます。その対応も自然でやさしいんですよ。物価が高いのがつらいところではありますが、子どもたちには最高の環境だと思います。

――これから海外に移住したい人へのアドバイスはありますか？

トオル：いきなり欧米圏へ移住するのは、実際の距離以上に心の距離を埋めるのが難しいと思います。多くの人は自分とは違う金髪・目の青い人たちに戸惑ってしまうのではないでしょうか。そこで**まずはアジアを目指してはいかがでしょう？** アジアにもフィリピン・マレーシアなど英語が使える国はあります。

日本人の仕事ぶりは優秀ですので、スキル的には差別化できると思います。MBA を持っているとか、TOEIC900点とか、そんな立派な肩書きがなくとも今持っているスキルで十分仕事はできると思います。

――英語のスキルはそれほど重要ではないという意味ですか？

トオル：**もちろん重要なのですが、優先順位は英語ではなくて、仕事ややりたいことが先だと思います。**これまでに出会った、手に職を持って世界で生きている人は、不思議と英語を勉強としてとらえておらず、TOEIC などを受けたことがない人も多いです。

海外で仕事をするにあたって、自分にとって必要な英語だけに特化して話せている印象です。

例えば、鍼灸師には TOEIC 必須英単語などは必要ありません。接客や体の部位の単語・痛みの症状など、必要な単語やセンテンスは決まっています。

彼らは、自分に必要な英語をしっかりとモノにした上でスキルアップや集客に力を入れていて、英語を勉強することに多くの時間を使っていないと感じます。英語を勉強したからといって稼げるわけではないですから。

――移住には、どの程度の英語のスキルが必要だと思いますか？

トオル：スキルは高ければ高いほどいいのでしょうが、キリがないですよね。**中学校の文法と最低限の旅行に必要な英語はマスターした上で「できるふう」で行けばいいと思います。**

TEDの動画などでよく言われる「Fake it till you make it.」。

この英語は「うまくいくまでは、うまくいっているふりをする」っていう意味なのですが、たとえ今はできなくてもできるふりをしてスタートして、懸命にもがきながらやり進めることで、できなかったことが結局できるようになるという教えです。

僕も実際そうしましたし、多くの移民はそうやって生き抜いていると思います。

日本人には恥をかかないように、ある程度話せるようになってから、と考えている人が多いのですが、**必ず何度も恥ずかしい思いはするし、語学はできるようになればなるほど、足りなさを感じるものです。**

絶対に訪れることのない準備万端を待つのではなく、できる限りの準備をした上で縁やタイミングがあった時にまずは外に出て、そこから足りない英語を痛感しながら、学んでいくしかないと思います。

——これから英語とどのように向き合っていきますか？

トオル：僕はほとんど英語を真剣に勉強したことがないのですが、ヨーロッパ永住権取得のために、必要に迫られて現在英語・オランダ語を勉強しています。

決して教養のためではなく、生き抜くための語学です。英語も学んでいますが、せっかくオランダに住めることになったので、オランダ人とオランダ語で話したいんですよ。

おわりに

本書では、どうすれば「英語が話せる」ようになるのかについて、実際のトレーニング方法だけでなく、心構えも含め、たくさんの体験談とともに紹介しました。

このトレーニング方法は、私の実体験＋オンライン英会話の生徒さんとのやりとりから生まれました。私が20代の頃に出会った英語の上手い人といえば、社交的で、かつおしゃべりが好きな人ばかり。でも私はどちらかといえば無口で、話すよりも聞くほうが得意な人間でした。そんな私が留学して、出会った人たちと会話しながら英会話を身につけるというのは、そもそも無理な話だったのだと、今ならわかります。

ひとりごとトレーニングが生まれたきっかけは、留学中に引きこもりになってしまったことでした。日本で英会話スクールに通い、TOEIC730点でアメリカへ渡った私は、自分の英語がまったく使えないことに打ちのめされ、ホストファミリーの家ですっかり引きこもりになってしまったのです。そうはいっても留学は続きます。**誰かと話してつらい思いをするのは嫌だけど、このまま日本に帰るのも嫌だという苦しい状態から生まれたのが、ひとりごとトレーニングです**。でもおかげで、留学は苦しかったけど、楽しい思い出として、今も心に残っています。

その後はじめたオンライン英会話の講師時代には、TOEICや英検でしっかりと英語力が証明されているにもかかわらず「会話ができない」悩みを持つ人にたくさん会いました。彼らに共通していたのは「人前で間違いたくない」ということでした。
そこで留学時代に自分が実践していたひとりごとトレーニングや英語日記をすすめると、どんどん英会話が上達していきました。
彼らがやったことは、基本的にアウトプットを増やしたことだけでした。日常的に英語をアウトプットすることで、英会話ができるようになっていったのです。もちろん続けることができずに、途中でやめてしまった人もいました。そして今、続けている人と挫折してしまう人の違いを肌で感じたことで、確信しています。
英語学習はトレーニングが5割、それ以外のことが5割だと。
実際に自分で取り組むのはかんたんなことではありませんが、続けることさえできれば必ず上達するのが語学学習でもあり、それがおもしろさでもあります。語学学習は決してあなたを裏切りません。

英語を学び、身につける過程で、読者のみなさん一人ひとりの未来が、よりよきものへと変わっていくことを心より願っています。

【著者紹介】

Sakura English（サクラ・イングリッシュ）

◉──YouTubeチャンネル登録者数50万人（2023年11月現在）の人気英会話アカウント。

◉──27歳のときに半年間サンフランシスコでホームステイするも、語学学校で個性の強いクラスメイトに圧倒され、引きこもりに。このままでは日本に帰れない！ と、英語のひとりごとやホストファミリーの子どもとの会話を続け、少しずつ英会話を習得。その後、英会話講師の道へ。

◉──講師としてレッスンをする中で、多くの日本人が間違えることを怖がり、正しい文法にこだわるあまり、スピーキングやリスニングが極端に苦手で、かんたんな日常会話すらできないことを実感。

◉──2021年、もっと英語を身近に感じてほしいとの思いから、英会話スクールに通わずに誰でも無料で取り組める「最初の英会話学習ツール」として、YouTubeチャンネル「英語聞き流し｜Sakura English」を開設。「スマホで手軽に英語に触れられる」と多くの人に支持され、開設から２年でチャンネル登録数は42万人、動画の総再生回数は4,500万回を超えるように。中でも「ネイティブが最初に覚える英会話フレーズ」シリーズは再生数が600万回を超え、幅広い年代に英語を話す楽しさを伝えている。

◉──本書は、2022年にKindleでリリースされた『すごい英語独学 独り言トレーニング: 留学なしでも劇的に話せる。』に大幅な加筆を加えた完全版。

［完全版］すごい英語独学

2023年 12 月 18 日　第 1 刷発行
2024年 10 月 10 日　第 6 刷発行

著　者──Sakura English
発行者──齊藤　龍男
発行所──株式会社かんき出版
東京都千代田区麴町4-1-4 西脇ビル　〒102-0083
電話　営業部：03(3262)8011㈹　編集部：03(3262)8012㈹
FAX　03(3234)4421　振替　00100-2-62304
https://kanki-pub.co.jp/

印刷所──TOPPANクロレ株式会社

 ISBN978-4-7612-7708-6 C0082